Staats- und sozialwissenschaftliche Forschungen

herausgegeben

von

Gustav Schmoller und **Max Sering.**

Heft 176.

F. Moral, Aktienkapital und Aktien-Emissionskurs
bei industriellen Unternehmungen.

München und Leipzig,
Verlag von Duncker & Humblot.
1914.

Aktienkapital und Aktien-Emissionskurs

bei industriellen Unternehmungen.

Von

Felix Moral

Zivilingenieur

München und Leipzig,
Verlag von Duncker & Humblot.
1914.

Alle Rechte vorbehalten.

Altenburg
Pierersche Hofbuchdruckerei
Stephan Geibel & Co.

Dem Andenken
meiner treuen Lebensgefährtin
1888—1910.

Vorwort.

Bei der Umgründung einer industriellen Einzelunternehmung zu einer Aktiengesellschaft bildet die Bemessung des Aktienkapitals eines der wichtigsten Probleme. Hängt doch von der richtigen Lösung desselben in erster Linie die Rentabilität, dann aber auch die Stetigkeit der Entwicklung der neuen Aktiengesellschaft und damit das Ansehen ab, welches sie auf dem Markte genießen wird, sobald ihre Aktien dem Publikum zugänglich gemacht werden.

Ist dieser Zeitpunkt gekommen, dann ist die Bemessung des Emissionskurses der Aktien ebenfalls von großer Bedeutung, weil von seiner Höhe die Rentabilität der Kapitalsanlage der neuen Aktionäre abhängt. Die Höhe des Emissionskurses ist also auch von Einfluß darauf, ob die Aktien von dem Publikum als ein zur Kapitalsanlage geeignetes Wertpapier aufgenommen oder als ein Spekulationspapier zur Erzielung von Kursgewinnen angesehen werden.

Feste Normen, nach welchen die Festsetzung von Aktienkapital und Emissionkurs geschieht, haben sich bisher nicht ausgebildet. Es bleibt vielmehr dem freien Ermessen der Beteiligten überlassen, wie hoch sie das Aktienkapital und den Emissionskurs festsetzen wollen, zumal auch das Handelsgesetz und das Börsengesetz nur gewisse Kontrollen vorschreiben, welche eine Benachteiligung der öffentlichen Interessen und des Publikums verhindern sollen.

Im Hinblick hierauf will diese Arbeit auf induktivem Wege ermitteln, ob und welche Gleichmäßigkeiten sich bei der Umwandlung einer größeren Anzahl von industriellen Einzelunternehmungen in Aktiengesellschaften und bei der späteren Emission ihrer Aktien hinsichtlich der Höhe des Aktienkapitals und des Emissionskurses ergeben haben, und welche Schlüsse sich hieraus ziehen lassen.

Um verwendbare Resultate zutage zu fördern, erschien es angezeigt, die anzustellenden Untersuchungen einerseits auf ein engeres Gebiet zu begrenzen und andererseits sie über einen größeren Zeitraum auszudehnen.

Es sind daher für die vorliegende Arbeit alle diejenigen industriellen Aktiengesellschaften ausgewählt worden, welche ihre Stammaktien an der Berliner Börse in den letzten zehn Jahren zur Einführung brachten. Emissionen neuer Aktien von bereits früher an der Berliner- oder einer anderen deutschen Börse zugelassenen Aktiengesellschaften sind nicht berücksichtigt worden, wohl aber die erneuten Emissionen solcher Gesellschaften, deren Aktien bereits früher eingeführt gewesen, dann jedoch gestrichen worden waren.

Dabei sind als industrielle Unternehmungen im engeren Sinne, nur die Fabrikbetriebe ausgewählt, d. h. diejenigen Unternehmungen, welche die Verarbeitung von Rohstoffen und Halbfabrikaten mit Hilfe von Maschinen und unter Anwendung der Arbeitsteilung für den Verkauf auf dem allgemeinen Markte betreiben.

Als maßgebende Faktoren für die Untersuchungen sind in Betracht gezogen: Gründungsjahr, Emissionsjahr, Aktienkapital, Obligationen, Vermögenssubstanz, Umsatz, Reingewinn, verteilte Dividenden, Rentabilität und Emissionskurs.

Näheres hierüber ergeben die dieser Arbeit beigefügten Tabellen nebst Erläuterungen.

Das Material zu diesen Tabellen ist in dem Archiv der »Korporation der Kaufmannschaft von Berlin« aus den daselbst aufbewahrten veröffentlichten Prospekten und Geschäftsberichten der betreffenden Aktiengesellschaften zusammengestellt.

Außerdem wurden hierbei das »Handbuch der deutschen Aktiengesellschaften«, »Salings Börsen-Papiere«, »Das Archiv«, Sammelwochenschrift für Zeitungsnachrichten über Wertpapiere, und die Handelsbeilagen der Tagespresse als Unterlagen benutzt.

Bei der Abfassung der vorliegenden Arbeit kamen die in dem hier folgenden Literaturverzeichnis angegebenen Werke in Betracht.

Inhaltsverzeichnis.

		Seite
1.	Widmung	V
2.	Vorwort	VII
3.	Inhaltsverzeichnis	IX
4.	Literatur	XI
5.	Gesellschaftsgründung und Aktienemission in ihrer Bedeutung für die Volkswirtschaft und für das Publikum	1
6.	Die Bemessung des Aktienkapitals bei industriellen Unternehmungen	10
7.	Das Risiko der industriellen Unternehmung und sein Einfluß auf den Emissionskurs	14
8.	Aktienkapital, Obligationen und Emissionskurs	19
9.	Konjunktur und Emissionskurs	27
10.	Innerer Aktienwert und Emissionskurs	30
11.	Umsatz, Reingewinn, Dividenden und Emissionskurs	36
12.	Emissionskurs und Emissionsbanken	43
13.	Zusammenfassung der Hauptergebnisse	53
14.	Tabellen: Erläuterung zu denselben	54
15.	Tabellen.	

Literaturverzeichnis.

Dohm, R., »Die Geschäftsergebnisse der deutschen Aktiengesellschaften« (Zeitschrift für Handelswissenschaft und Handelspraxis, 3. Jahrgang, 1910).
Freund, G. G., »Die Rechtsverhältnisse der öffentlichen Anleihen«, 1907.
Furlan, V., »Die Emission von Schuldverschreibungen in der Schweiz« (»Die Bank«, II. Band. 1911).
Jeidels, Otto, »Das Verhältnis der deutschen Großbanken zur Industrie«, 1913.
Kovero, I., »Die Bewertung der Vermögensgegenstände in den Jahresbilanzen der privaten Unternehmungen«, 1912.
Landmann, Julius, »System der Diskontpolitik«, 1900.
Liefmann, R., »Die Unternehmungsformen«, 1912.
v. Lumm, »Die Statistik der Börsenkurse« (Bank-Archiv, Zeitschrift für Bank- und Börsenwesen, 5. Jahrgang, 1905).
Moll, Ewald, »Die Rentabilität der Aktiengesellschaften«, 1908.
— »Das Problem einer amtlichen Statistik der deutschen Aktiengesellschaften«, 1908.
Müller, Waldemar, »Die Organisation des Kredit- und Zahlungsverkehrs in Deutschland« (Bank-Archiv, Zeitschrift für Bank- und Börsenwesen, 8. Jahrgang, 1908/09).
Nicklisch, H., »Reserven und finanzielle Sicherheit« (Zeitschrift für Handelswissenschaft und Handelspraxis, 3. Jahrgang, 1910).
Passow, Richard, »Die wirtschaftliche Bedeutung und Organisation der Aktiengesellschaft«, 1907.
v. Philippovich, Eugen, »Grundriß der politischen Ökonomie«, 1. Band 1911, II. Band erster Teil 1910, zweiter Teil 1907.
Prion, W., »Die Preisbildung an der Wertpapierbörse insbesondere auf dem Industrieaktienmarkt der Berliner Börse«, 1910.
Rehm, Hermann, »Die Bilanzen der Aktiengesellschaften und Gesellschaften mit beschränkter Haftung usw.«, 1903.
— »Die Bilanzwahrheit und ihr Wesen« (Zeitschrift für Handelswissenschaft und Handelspraxis, 1. Jahrgang, 1908).
Rießer, »Die deutschen Großbanken und ihre Konzentration im Zusammenhang mit der Entwicklung der Gesamtwirtschaft in Deutschland«, 1912.

Schmalenbach, E., »Die Methoden der Emissionstechnik« (Zeitschrift für handelswissenschaftliche Forschung, 2. Jahrgang, 1907/08).
v. Schmoller, Gustav, »Grundriß der allgemeinen Volkswirtschafts-lehre«, Teil I 1901, Teil II 1904.
Senftner, Robert Georg, »Wie gründet man eine Aktiengesellschaft«, 1908.
Sombart, Werner, »Der moderne Kapitalismus«, 1902.
Wagner, Adolf, »Theoretische Sozialökonomik oder allgemeine und theoretische Volkswirtschaftslehre«, 1. Abteilung 1907, 2. Abteilung 1909.
Werner, Ernst, »Die finanziellen Ergebnisse der deutschen Maschinenbau-Aktiengesellschaften« (Thünen-Archiv, II, 1909).
Wolff, Emil, »Die Praxis der Finanzierung«, 1905.
v. Zwidineck, Otto, »Kritisches und Positives zur Preislehre« (Zeitschrift für die gesamte Staatswissenschaft, 65. Jahrgang, 1909).

Vierteljahrshefte zur Statistik des Deutschen Reiches, Jahrgänge 1902—1912, herausgegeben vom Kaiserlich Statistischen Amte.
Statistisches Jahrbuch für den Preußischen Staat. 10. Jahrgang, 1913, herausgegeben vom Königlich Preußischen Statistischen Landesamt.
Berliner Jahrbuch für Handel und Industrie, Bericht der Ältesten der Kaufmannschaft von Berlin, Jahrgang 1912.
»Das Archiv«, Sammelwochenschrift für Zeitungsnachrichten über Wertpapiere, Jahrgang 1910.
»Die Bank«, I. Band, 1908, herausgegeben von Alfred Lansburgh.
»Die Konjunktur«, herausgegeben von Richard Calwer, 1.—3. Jahrgang, 1910—1912.
»Volkswirtschaftliche Chronik« für die Jahre 1903—1912.
Handbuch der deutschen Aktiengesellschaften.
Salings Börsen-Papiere, II. und III. Teil.
Handelsbeilagen der Tageszeitungen.

Handelsgesetzbuch für das Deutsche Reich.
Börsengesetz für das Deutsche Reich.

Gesellschaftsgründung und Aktienemission
in ihrer Bedeutung für die Volkswirtschaft und für das Publikum.

Eine jede deutsche Aktiengesellschaft ist auf Grund gesetzlicher Vorschriften verpflichtet, zu zwei verschiedenen Malen — bei ihrer Gründung und bei der Emission ihrer Aktien — ihre Vermögenslage und ihre wichtigsten inneren Verhältnisse, unter der Kontrolle behördlicher Organe, der Öffentlichkeit bekannt zu geben.

Im besonderen ist dies der Fall bei einer jeden zu einer Aktiengesellschaft umgegründeten industriellen Einzelunternehmung.

Die in Frage kommenden gesetzlichen Vorschriften sind kurz zusammengefaßt die folgenden:

Bei der Gründung der Aktiengesellschaft haben die Gründer derselben, im Falle vorhandene Anlagen oder sonstige Vermögensstücke [1] von der zu errichtenden Gesellschaft übernommen werden, in einer schriftlichen Erklärung die wesentlichen Umstände darzulegen, von welchen die Angemessenheit der für die eingelegten oder übernommenen Gegenstände gewährten Beträge abhängt [1].

Die Mitglieder des Vorstandes und des Aufsichtsrates der Aktiengesellschaft haben alsdann den Hergang der Gründung zu prüfen. Außerdem hat eine Prüfung durch besondere Revisoren, welche durch das für die Vertretung des Handelsstandes berufene Organ oder in Ermangelung eines solchen durch das für die Aktiengesellschaft zuständige Gericht bestellt werden, stattzufinden. Über die Prüfungen ist schriftlich Bericht zu erstatten [1].

Demnächst ist die Gesellschaft von den Gründern, sowie den Mitgliedern des Vorstandes und des Aufsichtsrates bei dem für die Gesellschaft zuständigen Gericht zur Eintragung in das Handelsregister anzumelden. Dieser Anmeldung sind, außer anderen durch das Gesetz vorgeschriebenen Urkunden, in besonderem auch die vorerwähnten Prüfungsberichte nebst ihren urkundlichen Grundlagen beizufügen [2].

---
[1] §§ 186, 191, 193 des Deutschen Handelsgesetzbuches v. 10. 5. 97.
[2] §§ 195, 199 und 200 des Deutschen Handelsgesetzbuches.

Die erfolgte Eintragung der Gesellschaft in das Handelsregister wird durch das Gericht öffentlich bekannt gemacht. In dieser Bekanntmachung werden alle die Öffentlichkeit interessierenden Verhältnisse der Gesellschaft mitgeteilt. Zugleich wird amtlich darauf hingewiesen, daß von allen mit der Anmeldung der Gesellschaft eingereichten Schriftstücken, insbesondere auch von den Prüfungsberichten des Vorstandes, des Aufsichtsrates und der Revisoren sowohl bei dem Gericht als auch bei dem zur Vertretung des Handelsstandes berufenen Organ von einem jeden Einsicht genommen werden kann[3].

Vor der Eintragung in das Handelsregister des Sitzes der Gesellschaft besteht die Aktiengesellschaft als solche nicht[4].

Will die Aktiengesellschaft später ihre Aktien an der Börse einführen, so hat sie die Zulassung der Aktien bei der an jeder Börse errichteten »Zulassungsstelle« zu beantragen. Vor der Zulassung ist ein Prospekt zu veröffentlichen, welcher die für die Beurteilung des Wertes der einzuführenden Papiere wesentlichen Angaben enthält[5].

Die Zulassungsstelle hat alsdann die Aufgabe und die Pflicht, dafür zu sorgen, daß das Publikum über alle zur Beurteilung der zu emittierenden Wertpapiere notwendigen, tatsächlichen und rechtlichen Verhältnisse soweit als möglich informiert wird, sowie auch Emissionen zu verhindern, welche offenbar zu einer Übervorteilung des Publikums führen[6].

Auch darf die Zulassung von Aktien eines zur Aktiengesellschaft umgewandelten Unternehmens zum Börsenhandel vor Ablauf eines Jahres nach Eintragung der Gesellschaft in das Handelsregister und vor der Veröffentlichung der ersten Jahresbilanz nebst Gewinn- und Verlustrechnung nicht erfolgen[7].

Diese gesetzlichen Vorschriften machen es den Zulassungsstellen möglich, die Klarlegung aller Verhältnisse der Aktiengesellschaft bei deren Gründung und bei der Emission ihrer Aktien zu erzwingen, um Übervorteilungen des Publikums zu verhindern.

Hieraus könnte man schließen, daß beide Vorgänge — die Gründung und die Aktienemission — von gleich großer Bedeutung für die Volkswirtschaft im allgemeinen und für das Publikum im besonderen sind. Dies ist jedoch nicht der Fall, vielmehr ist die Bedeutung beider Vorgänge für die Volkswirtschaft und für das Publikum eine wesentlich verschiedene und geradezu entgegengesetzte.

[3,4] §§ 195, 199 und 200 des Deutschen Handelsgesetzbuches.
[5] § 38 des Deutschen Börsengesetzes vom 8. Mai 1908/22. Juni 1896.
[6] und [7], §§ 36 und 41 des Deutschen Börsengesetzes vom 8. Mai 1908.

In den zehn Jahren von 1902—1911 wurden im Deutschen Reiche neue Aktiengesellschaften aller Art gegründet [8]:

im Jahre	Gesellschaften	Aktienkapital
1902	93	149 169 000 Mk.
1903	112	310 784 175 „
1904	124	147 218 000 „
1905	205	392 592 200 „
1906	250	482 636 000 „
1907	210	262 427 000 „
1908	159	197 270 200 „
1909	166	198 094 000 „
1910	195	268 224 000 „
1911	162	227 884 500 „

mithin in 10 Jahren 1676 Ges. mit 2636 299 075 Mk. Kapital.

In dem gleichen Zeitraume haben ferner Aktiengesellschaften aller Art die Zulassung ihrer Aktien zum Börsenhandel, und zwar zum ersten Male nach ihrer Gründung, herbeigeführt [9]:

im Jahre	Gesellschaften
1902	24
1903	62
1904	75
1905	80
1906	97
1907	35
1908	28
1909	58
1910	55
1911	43

insgesamt 557 Gesellschaften.

Betrachtet man die Ergebnisse der vorstehenden beiden Zahlengruppen, so ergibt sich zunächst auf den ersten Blick die hohe Bedeutung der Neugründung von Aktiengesellschaften für die Volkswirtschaft des Deutschen Reiches.

In einem Jahrzehnt sind 1676 Aktiengesellschaften neu entstanden, welche über ein Kapital von mehr als 2,6 Milliarden Mark verfügen. Das ist ein deutliches Zeichen der immer mehr zunehmenden kapitalistischen Produktions- und Verkehrswirtschaft, sowie gleichzeitig damit der stetig vorwärtsschreitenden Entwicklung zur Großproduktion und zum Großverkehr.

---

[8] Handbuch der deutschen Aktiengesellschaften, Jahrgang 1912, Bd. I.

[9] Zusammengestellt aus den »Vierteljahrsheften zur Statistik des Deutschen Reiches« Jahrgänge 1903—1912. Die amtliche Statistik für das Jahr 1912 war bei Abfassung dieser Arbeit noch nicht erschienen.

Dieses Anwachsen der kapitalistischen Produktions- und Verkehrswirtschaft zeigt sich noch deutlicher, wenn man die hier folgende statistische Zusammenstellung betrachtet, welche einen Überblick über das Lebensalter und das Aktienkapital der im Jahre 1911 in Preußen tätigen Aktiengesellschaften bietet.

Von diesen Aktiengesellschaften waren gegründet[10]:

(Siehe Tabelle auf Seite 5.)

Die vorstehende Tabelle läßt deutlich erkennen, wie das Bestreben zur weiteren Ausdehnung mit der Entwicklung des Aktiengesellschaftswesens fortschreitet und wie gerade die großen Gesellschaften den größten Kapitalszuwachs aufweisen.

Ein derartiges Anwachsen der kapitalistischen Betriebe ist jedoch in mannigfacher Hinsicht von erheblichem Einfluß auf die Volkswirtschaft.

So sagt Passow[11]:

»Die Hauptursache für die gewaltige Ausdehnung des Aktiengesellschaftswesens besteht nämlich darin, daß hier die Möglichkeit gegeben ist, weite Kreise von großen und kleinen Kapitalisten als Gesellschafter heranzuziehen. Wenn ein einzelner und einige wenige nicht in der Lage oder nicht gewillt sind das für ein Unternehmen erforderliche Kapital herzugeben, so gibt die Aktiengesellschaft die Möglichkeit, daß Hunderte, bisweilen Tausende von verschiedenen Personen Aktionäre werden und daß durch deren Einlagen Beträge von enormer Höhe zusammengebracht werden.«

Auch Liefmann spricht sich wie folgt aus[12]:

»Wenn es bei den heutigen großen Unternehmungen nicht mehr der Unternehmungsgeist des einzelnen ist, der sie ins Leben ruft und den wirtschaftlichen Fortschritt herbeiführt, sondern diese Unternehmungen genau so verwaltete Erwerbsanstalten im Interesse einer großen Zahl von Aktionären sind, wie der Staat Anstalten im Interesse der Allgemeinheit betreibt, so ergibt sich, daß überhaupt eigentlich nicht mehr Personen mit eigenem Erwerbstreben und eigenem Betätigungstrieb die treibende Kraft im Wirtschaftsleben sind, sondern daß die verfügbaren, Anlage suchenden Kapitalien, das sogenannte **mobile Kapital**, den Anstoß zu wirtschaftlicher Tätigkeit, zur Erweiterung und Vervollkommnung der Bedarfsversorgung geben. Und daß ist in der Tat eine ganz allgemeine und höchst wichtige

---

[10] Entnommen aus »Statistisches Jahrbuch für den Preußischen Staat«, herausgegeben vom Königlich Preußischen Statistischen Landesamt, 10. Jahrgang, 1913. S. 258/259.

[11] Passow, Richard, »Die wirtschaftliche Bedeutung und Organisation der Aktiengesellschaft«, 1907, Seite 2.

[12] Liefmann, R., »Die Unternehmungsformen«, 1912, S. 83 u. 84.

176.

Kapitalsgruppen	bis 1870			1871—1880			1881—1890			1891—1900		
	Zahl	Gründungs-Kapital Mill. Mk.	eingezahltes Mill. Mk.	Zahl	Gründungs-Kapital Mill. Mk.	eingezahltes Mill. Mk.	Zahl	Gründungs-Kapital Mill. Mk.	eingezahltes Mill. Mk.	Zahl	Gründungs-Kapital Mill. Mk.	eingezahltes Mill. Mk.
a. bis ½ Mill. Mk.	56	11,81	13,58	105	25,69	26,06	182	38,58	36,52	267	70,09	61,41
b. über ½ bis 1 Mill. Mk.	33	24,08	23,29	75	48,85	55,84	93	61,44	72,25	158	125,59	131,63
c. „ 1 „ 2 „ „	40	61,31	62,69	75	106,78	112,08	113	125,44	175,42	204	246,18	310,88
d. „ 2 „ 5 „ „	36	70,57	120,07	70	144,54	219,34	71	116,76	229,77	157	300,92	505,73
e. „ 5 „ 10 „ „	10	34,73	72,51	32	107,84	220,04	24	50,26	165,32	51	168,21	384,02
f. „ 10 Mill. Mk.	34	359,96	1759,65	31	340,82	1491,07	30	186,96	816,05	37	254,97	937,49
zusammen	209	562,45	2051,81	388	774,53	2124,43	513	579,44	1495,32	874	1165,96	2331,15

Kapitalsgruppen	1901—1905			1906—1910			1911			bis 1911 einschl.		
	Zahl	Gründungs-Kapital Mill. Mk.	eingezahltes Mill. Mk.	Zahl	Gründungs-Kapital Mill. Mk.	eingezahltes Mill. Mk.	Zahl	Gründungs-Kapital Mill. Mk.	eingezahltes Mill. Mk.	Zahl	Gründungs-Kapital Mill. Mk.	eingezahltes Mill. Mk.
a. bis ½ Mill. Mk.	92	20,62	21,00	175	42,31	46,21	2	0,95	0,95	879	210,06	205,73
b. über ½ bis 1 Mill. Mk.	68	45,42	56,75	123	90,76	100,95	3	2,70	2,70	553	398,83	443,42
c. „ 1 „ 2 „ „	83	91,43	127,71	136	169,90	205,15	8	12,80	11,05	659	813,85	1 004,97
d. „ 2 „ 5 „ „	55	117,22	192,70	83	179,19	270,61	4	14,30	14,30	476	943,49	1 552,53
e. „ 5 „ 10 „ „	12	62,62	89,90	19	93,25	133,04	1	7,00	7,00	149	523,91	1 071,83
f. „ 10 Mill. Mk.	14	301,50	566,45	12	160,25	224,50	—	—	—	158	1604,45	5 795,21
zusammen	324	638,81	1054,51	548	735,67	980,46	18	37,75	36,—	2874	4494,60	10 073,69

Folgeerscheinung der modernen Kapitalgesellschaften und des Effektenwesens.«

Ist somit einerseits die große Zahl der Neugründung von Aktiengesellschaften von hoher Bedeutung für die Volkswirtschaft, so ist andererseits hieraus nicht der Schluß zu ziehen, daß diese Neugründungen auch die gleichgroße Bedeutung für das anlagesuchende Privatkapital, d. h. für das Ersparnisse besitzende Publikum haben.

Den 1676 neugegründeten Aktiengesellschaften stehen nur 557 Aktiengesellschaften gegenüber, welche in dem gleichen Zeitraum von 10 Jahren ihre Aktien an der Börse eingeführt haben. Das ist knapp gerade ein Drittel der neugegründeten Aktiengesellschaften.

Berücksichtigt man hierbei noch, daß sich unter den 557 Aktiengesellschaften eine sehr große Anzahl befindet, welche schon vor dem Jahre 1902 gegründet wurden, dann stellt sich das Resultat noch ungünstiger.

Eine überaus große Zahl von neugegründeten Aktiengesellschaften vermag eben ihre Aktien nicht sofort nach Ablauf des gesetzlich vorgeschriebenen Sperrjahres zur Emission zu bringen, vielmehr bedarf sie einer Reihe von Jahren, bevor ihre Entwicklung so weit vorgeschritten ist, daß man die willige Aufnahme ihrer Aktien vom Publikum erwarten kann.

Ganz besonders ist dies bei den Aktien der industriellen Unternehmungen der Fall. Das verhältnismäßig geringfügige Angebot von Aktien auf dem Markt neuerscheinender industrieller Unternehmungen einerseits, und die jahrelange Entwicklung andererseits, welche diese industriellen Unternehmungen in fast allen Fällen bereits hinter sich haben, erklärt daher auch zu einem Teile die Vorliebe des anlagesuchenden Privatkapitals für industrielle Papiere.

Die dieser Arbeit beigefügten Tabellen geben ein anschauliches Bild des Verhältnisses zwischen Gründungsjahr und Aktienemissionsjahr bei industriellen Aktiengesellschaften.

Von den in den Tabellen aufgeführten 191 Aktiengesellschaften haben ihre Aktien zur Emission gebracht [13]:

(Siehe Tabelle auf Seite 7.)

Von den 191 industriellen Aktiengesellschaften haben also nur 9 Gesellschaften, d. h. knapp 5%, ihre Aktien sofort nach

---

[13] Unter den 191 in den Tabellen angeführten Gesellschaften befinden sich ca. 5 Gesellschaften, welche ihre Aktien schon einige Jahre früher als in Berlin, an anderen deutschen Börsen zur Emission gebracht hatten. Dies ändert jedoch nichts an der obigen Zusammenstellung, da es sich auch in diesen Fällen je um eine langjährige Zwischenzeit zwischen dem Gründungsjahr und dem Emissionsjahr handelte.

1 Jahr (Sperrjahr)	nach der Gründung			9	Gesellschaften
2 Jahre	„	„	„	15	„
3 „	„	„	„	17	„
4 „	„	„	„	19	„
5 „	„	„	„	13	„
6 „	„	„	„	23	„
7 „	„	„	„	11	„
8 „	„	„	„	11	„
9 „	„	„	„	11	„
10 „	„	„	„	9	„
11 „ u. darüber	„	„	„	53	„
			insgesamt	191	Gesellschaften.

Ablauf des gesetzlichen Sperrjahres zur Emission gebracht, während rund 95 % der Gesellschaften damit Jahre- und Jahrzehntelang gewartet haben.

Forscht man nach den Gründen dieser sehr erheblichen Differenz zwischen der Zahl der neugegründeten industriellen Aktiengesellschaften und der Zahl der erstmaligen Aktienemissionen, sowie auch zwischen dem Zeitpunkt ihrer Gründung und dem ihrer Aktienemission, dann findet man hierfür sehr natürliche Ursachen.

Eine Anzahl der neugegründeten Aktiengesellschaften ist von vornherein nicht lebensfähig, vielmehr stellt sich ihre Gründung nur als ein Versuch dar, die auf das Trockene geratene Unternehmung durch Hinzuführung neuen Kapitals wieder flott zu machen.

Bei dieser und einer anderen Anzahl der Neugründungen nimmt die Entwicklung jedoch nicht den erwarteten günstigen Verlauf. Auch mögen Fehler bei der Gründung begangen sein oder es treten widrige Verhältnisse, Konjunkturrückgänge usw. ein, welche die Einstellung des Betriebes herbeiführen, bevor eine Aktienemission vorgenommen werden kann.

Wiederum andere der neugegründeten Aktienunternehmungen läßt die mächtigere Konkurrenz nicht zur vollen Entfaltung ihrer Kräfte kommen. Entweder werden sie alsdann durch den Konkurrenzkampf lahmgelegt oder sie werden gezwungen, sich durch Fusion mit einer der kapitalskräftigeren Konkurrenzunternehmungen zu verschmelzen.

Eine andere Anzahl von industriellen Neugründungen endlich erfolgt überhaupt nicht in der Absicht, die Aktien in absehbarer Zeit dem Publikum zum Kaufe anzubieten. Bei diesen Gesellschaften handelt es sich vielmehr um sogenannte Familiengründungen, welche nur den Zweck haben, die Vermögensanteile der an der Unternehmung bereits beteiligten oder im Erbfalle zu beteiligenden einzelnen Familienmitglieder festzustellen und zu regeln.

Was schließlich die verschiedene Zeitdauer anbetrifft,

welche die einzelnen Aktiengesellschaften verstreichen lassen, ehe sie ihre Aktien zur Emission bringen, so ergibt sich hierfür die einfache Erklärung aus dem Entwicklungsgange der einzelnen Unternehmungen und aus der jeweiligen Konjunktur auf dem Geldmarkte zur Zeit der beabsichtigten Aktienemission.

Selbstverständlich kann eine Aktiengesellschaft erst dann zur Emission ihrer Aktien schreiten, wenn die bisherige Entwicklung der Unternehmung so günstig ist, daß auf eine willige Aufnahme der Aktien seitens des Publikums gerechnet werden kann. Dieser Umstand allein erklärt bereits, daß viele Gesellschaften mit der Emission ihrer Aktien oft jahrelang nach ihrer Gründung warten müssen.

Auch pflegt man keine Aktienemission vorzunehmen, wenn die zeitige Konjunktur auf dem Geldmarkte ungünstig, d. h. der Diskontsatz ein hoher ist, woraus sich ebenfalls Verzögerungen der Aktienemission erklären lassen[14].

Faßt man alles Vorstehende zusammen, um aus demselben einen Schluß auf die Bedeutung zu ziehen, welchen die Neugründung von Aktiengesellschaften für das Publikum hat, dann kommt man zu dem Resultate, daß diese Bedeutung eine sehr geringfügige ist.

Welches Interesse soll wohl das Publikum an einer Neugründung haben, wenn $66^2/_3 \%$ aller neugegründeten Aktiengesellschaften zum Teil erst nach länger als 10 Jahren, zum Teil überhaupt nicht zur Emission ihrer Aktien kommen, und von den übrigbleibenden $33^1/_3 \%$ nur 5%, also von den gesamten Neugründungen noch nicht 2% ihre Aktien sofort nach Ablauf des Sperrjahres an den Markt bringen?

Allerdings ist zu beachten, daß diese prozentuale Berechnung sich in Wirklichkeit nicht ganz so ungünstig gestaltet, weil die Aktien einer Anzahl von Gesellschaften, auch ohne zum Börsenhandel zugelassen zu sein, ihren Weg ins Publikum finden, und weil der geringe Prozentsatz von Aktien industrieller Unternehmungen, welche gleich nach Ablauf des Sperrjahres zur Emission gelangen, nicht auch ohne weiteres auf die Aktien von Aktiengesellschaften anderer Art bezogen werden kann.

Immerhin bleibt jedoch die Tatsache bestehen, daß die Zahl der neugegründeten Aktiengesellschaften und die Zahl der Aktienemissionen gleich nach Ablauf des Sperrjahres in einem so großen Mißverhältnis zueinander stehen, daß schon aus diesem Grunde von einer nennenswerten Bedeutung der Neugründung von Aktiengesellschaften für das große Publikum nicht gesprochen werden kann.

---

[14] Siehe auch Julius Landmann, »System der Diskontpolitik«, 1900, Seite 140.

Hierzu kommt aber auch noch der weitere Grund, daß es nur von Vorteil für das anlagesuchende Privatkapital sein kann, zunächst den Verlauf der Weiterentwicklung der neugegründeten Aktiengesellschaft abzuwarten, denn die Beteiligung an neugegründeten Aktiengesellschaften ist mit einem erhöhten Risiko verknüpft.

Gerade dieses Risiko ist es, welches die emittierenden Bankhäuser veranlaßt, einen Einfluß auf die Leitung der ihnen nahestehenden Unternehmungen anzustreben, um einen besseren Einblick in deren Verhältnisse zu gewinnen. Es spricht hierbei auch der Umstand mit, daß für das Emissionshaus nicht allein die finanzielle, sondern auch die moralische Seite des Emissionsgeschäftes in Frage kommt.

Dies sagt auch Müller[15].

»Eine Bank, die eine Aktie emittiert hat, wird für die künftigen Geschicke der betreffenden Gesellschaft moralisch verantwortlich gemacht, und muß schon deshalb eine gewisse Kontrolle auszuüben in der Lage sein.«

Mit der Kontrolle und der moralischen Verantwortung des emittierenden Bankhauses hängt dann auch die Bemessung des Emissionskurses innerhalb angemessener Grenzen zusammen.

Hierüber sagt Riesser[16]:

»Bei Aktien oder Obligationen eines neuen Unternehmens wird die Kursbemessung nach unten begrenzt durch die Höhe des Übernahmepreises zuzüglich Zinsen, Stempel, Spesen und Provisionen und eines angemessenen Gewinnzuschlags. Der letztere muß auch eine angemessene Risikoprämie in sich schließen. Nach oben aber wird die Kursbemessung in solchen Fällen begrenzt durch die Kurse gleicher oder ähnlicher Unternehmungen, deren Werte bereits an der Börse notiert sind, und deren Kurse im wesentlichen und jedenfalls auf die Dauer dem inneren Wert, den verteilten Dividenden und den Zukunftsaussichten entsprechen werden.«

Geht aus allem Vorstehenden hervor, daß die Neugründung einer Aktiengesellschaft ohne besondere Bedeutung für das Publikum ist, so liegt umgekehrt der Fall dagegen bei der Emission der Aktien. Hier ist es gerade das aktienkaufende Publikum, welches ein direktes und großes Interesse an der einzelnen Emission hat, während es für die Volkswirtschaft von keiner nennenswerten Bedeutung ist, ob die Aktien der betreffenden Unternehmung aus dem Eigentum der Gründer in

---

[15] Müller, Waldemar, »Die Organisation des Kredit- und Zahlungsverkehrs in Deutschland«, »Bankarchiv«, 8. Jahrgang 1909, Seite 119.

[16] Rießer, »Die deutschen Großbanken und ihre Konzentration im Zusammenhang mit der Entwicklung der Gesamtwirtschaft in Deutschland«. 4. Auflage, 1912. Seiten 291 u. 292.

das Eigentum des Publikums übergehen, und ob der Kurswert der Aktien sich einige Prozent höher oder niedriger stellt.

Durch die Emission ihrer Aktien wendet sich die Aktiengesellschaft gewissermaßen mit der Offerte direkt an das Publikum, den bisherigen Eigentümern der Aktiengesellschaft die Unternehmung abzukaufen, bzw. wenn nicht alle Aktien der Gesellschaft zur Emission gebracht werden, sich an der Unternehmung als Mitinhaber zu beteiligen.

Erst mit dieser Offerte ist das berechtigte Interesse des Publikums an der Unternehmung erweckt und die Unternehmung selbst bedeutungsvoll für dasselbe geworden. Soll das Publikum doch nicht nur sein zur Anlage freies Kapital in der Unternehmung werbend anlegen, sondern gleichzeitig ein Eigentumsrecht an der Unternehmung erhalten, und damit auch das Recht haben, in die weitere Entwicklung der Unternehmung mitbestimmend einzugreifen.

Die Bemessung des Aktienkapitals bei industriellen Unternehmungen.

Für die Bemessung des Aktienkapitals einer industriellen Aktiengesellschaft existieren keinerlei Normen. Es sind daher ausschließlich Utilitätsgründe und die Rücksichtnahme auf die gesetzlich vorgeschriebenen Kontrollen, welche eine »Übergründung« der neuen Aktiengesellschaft verhindern.

Auch läßt sich nicht verkennen, daß der Einfluß der an den Gründungen beteiligten Banken wesentlich dazu beiträgt, die drei voneinander abhängigen Faktoren »Vermögenssubstanz«, »Ertrag« und »Aktienkapital« in ein richtiges Verhältnis zueinander zu bringen. Die Banken haben ein Interesse daran, daß einerseits die unter ihrer Mithilfe entstandenen neuen Aktiengesellschaften sich erfolgreich entwickeln, und daß andererseits auch die späteren Käufer der Aktien ein sicheres, keinen allzugroßen Schwankungen in der Dividende unterworfenes Anlagepapier erhalten.

Prüft man die Gründungsberichte einer größeren Zahl von neugegründeten Aktiengesellschaften in bezug auf das Verhältnis zwischen Vermögenssubstanz, Ertrag und Aktienkapital, dann findet man fast ohne Ausnahme, daß in neuerer Zeit das Bestreben dahin geht, das Aktienkapital bei der Gründung möglichst niedrig festzusetzen, um dadurch eine Sicherheit für die stetig fortschreitende Entwicklung der neuen Gesellschaft zu gewinnen.

Diese Sicherheit liegt in der inneren Festigkeit, welche eine jede industrielle Unternehmung gewinnt, sobald sie sich aus ihrer Vermögenssubstanz stille Reserven gegenüber dem Aktienkapital schafft.

So sagt z. B. auch Rehm: »Wirtschaftlich wichtiger als der Grundsatz der Bilanzwahrheit ist der der wirtschaftlichen Festigkeit. Um so fester steht ein Unternehmen, je niedriger es seine Aktiva, je höher es seine Passiva bewertet. Unterbewertung der Aktiva, Überbewertung der Passiva stärkt die Zahlungsfähigkeit und Kreditfähigkeit des Kaufmanns seinen Gläubigern gegenüber[17].«

Allerdings führt Kovero noch einen anderen Grund für die Unterbewertung der Vermögenssubstanz an, und zwar: »Der eigentliche Grund hierzu wird in den meisten Fällen darin zu suchen sein, daß durch Vornahme von Unterbewertung versucht wird, dem Bekanntwerden der richtigen Vermögenslage vorzubeugen. Auf diese Weise können nämlich gute Resultate in Hinsicht auf die Besteuerung oder wegen anderer Zwecke verheimlicht und schlechte Resultate anderer Jahre, deren Bekanntgabe etwa den Kredit oder die Stellung der Unternehmung beeinflussen würde, bemäntelt werden. Dazu kommt die Ansicht, daß Geschäftsoperationen, etwa mit Bezug auf die Konkurrenten, besser durchgeführt werden können, wenn die Chancen, die Vermögenslage der Unternehmung nicht genau bekannt sind[18].«

Es mag zutreffen, daß in vereinzelten Fällen auch dieser Grund bei der niedrigeren Bemessung des Aktienkapitals maßgebend ist. In den meisten Fällen dürfte jedoch, entgegen der in vorstehendem wiedergegebenen Ansicht Koveros, die Rücksicht auf die Stabilität der Dividenden und in Verbindung damit auch auf die ruhige Entwicklung des Kurswertes der Aktien in erster Linie bestimmend sein. Findet doch die ruhig fortschreitende stetige Entwicklung einer Aktiengesellschaft ihren äußeren Ausdruck vor allem in der Stabilität der Dividenden.

Es bedarf jedoch keines Beweises, daß es sich leichter durchführen läßt, auch in Zeiten einer vorübergehend ungünstigen Konjunktur die Gleichmäßigkeit der Dividenden aufrechtzuerhalten, wenn das Aktienkapital niedrig ist und gleichzeitig große, sogenannte stille Reserven vorhanden sind, als wenn das Umgekehrte der Fall ist.

Auch die dieser Arbeit beigefügten Tabellen geben in ihrer Rubrik »Liquidationsreserve« ein anschauliches Bild von dem fast allgemeinen Bestreben, das Aktienkapital erheblich niedriger zu bemessen, als die Vermögenssubstanz beträgt.

---

[17] Rehm, »Die Bilanzwahrheit und ihr Wesen«, »Zeitschrift für Handelswissenschaft und Handelspraxis«, 1. Jahrgang, 1908, Seite 41.

[18] J. Kovero, »Die Bewertung der Vermögensgegenstände in den Jahresbilanzen der privaten Unternehmungen«, 1912, Seite 134 u. f.

Wenngleich die in den Tabellen angegebenen Werte nicht die effektiv vorhandene Vermögenssubstanz am Tage der Gründung angeben, vielmehr nur die aus der letzten Bilanz vor der Emission sichtbare Vermögenssubstanz, so können sie dennoch zu einer Untersuchung über die Bemessung des Aktienkapitals bei der Gründung hier herangezogen werden.

In der Zeit zwischen der Gründung bis zu der letzten Bilanz vor der Emission hat sich zwar die Vermögenssubstanz meistens dadurch geändert, daß sie durch Einbehaltung von offenen und stillen Reserven aus den erzielten Reingewinnen gegen früher gewachsen ist.

In den meisten Fällen ist dieser Zuwachs jedoch nicht so erheblich, um das Verhältnis zwischen Vermögenssubstanz und Aktienkapital, wie es zur Zeit der Gründung bestand, wesentlich verschieben zu können. Wo dieses dennoch der Fall ist, pflegt Hand in Hand mit der Emission der Aktien eine Erhöhung des Aktienkapitals vorgenommen zu werden, um gegenüber dem Überschuß der gar zu erheblich angewachsenen Vermögenssubstanz über das bisherige nominelle Aktienkapital, neues, der Unternehmung zufließendes Aktienkapital anzuwerben.

In den Tabellen ist unter »Liquidationsreserve« derjenige Prozentsatz der sichtbaren Vermögenssubstanz angegeben, welcher als Reserve zur Verfügung steht, wenn im Falle einer Liquidation der Aktiengesellschaft das Aktienkapital an die Aktionäre zurückzuzahlen ist, d. h. es ist der Überschuß der Vermögenssubstanz über das Aktienkapital in Prozenten der Vermögenssubstanz ausgedrückt.

Dieser Überschuß charakterisiert nach dem Vorhergesagten jedoch gleichzeitig das Verhältnis zwischen Vermögenssubstanz und Aktienkapital bei der Gesellschaftsgründung, bzw. läßt er zum mindesten einen Schluß auf dieses Verhältnis zu.

Aus den beigefügten Tabellen ergeben sich die folgenden Zusammenstellungen:

Überschuß der Vermögenssubstanz[19].

```
 0— 5%  bei  4 Gesellschaften
 6—10%   „  18      „
11—15%   „  38      „   ⎫
16—20%   „  36      „   ⎪
21—25%   „  37      „   ⎬  140 Gesellschaften
26—30%   „  29      „   ⎭
31—35%   „   9      „
36—40%   „   9      „
41—45%   „   7      „
46—64%   „   4      „
```
insgesamt 191 Gesellschaften.

[19] Die in den Tabellen angegebenen Dezimalstellen der einzelnen Prozentsätze sind fortgelassen worden, wenn sie niedriger als 0,5%

176.

Aus dieser Zusammenstellung läßt sich entnehmen, daß bei der breiten Masse der industriellen Aktiengesellschaften das Verhältnis der sichtbaren Vermögenssubstanz zum Aktienkapital ungefähr wie 5:4 ist, d. h. daß das Aktienkapital sich im Durchschnitt auf etwa $79^1/_2 \%$ der sichtbaren Vermögenssubstanz stellt.

Rechnet man nämlich genau und ermittelt aus den Tabellen sowohl die Medianwerte, als auch die Durchschnittswerte, letztere nach der Methode der kleinsten Quadrate, dann ergibt sich die Bestätigung dieser Annahme. Außerdem zeigt sich auch das weiter oben erwähnte Bestreben der neueren Zeit, das Aktienkapital im Verhältnis zur Vermögenssubstanz möglichst niedrig zu bemessen.

Die sichtbare »Liquidationsreserve« zur Zeit der Aktienemission betrug:

Jahr der Emission	Minimum %	Untere Quartile %	Medianwert %	Obere Quartile %	Maximum %	Durchschnittswerte nach der Methode der kleinsten Quadrate % %
1903	8,5	10,7	12,4	20,1	29,0	15,4 ± 1,7
1904	0,0	10,4	15,1	23,6	37,0	17,0 ± 1,9
1905	9,7	13,0	21,6	28,0	43,8	22,2 ± 2,1
1906	8,7	15,4	21,5	27,8	60,8	22,7 ± 1,9
1907	7,1	9,6	22,8	31,2	36,8	21,7 ± 5,0
1908	8,5	18,9	22,4	26,8	64,3	25,3 ± 4,4
1909	5,1	13,4	17,6	25,7	52,6	20,4 ± 2,2
1910	15,1	19,5	22,3	27,1	37,3	23,1 ± 0,8
1911	0,8	12,7	19,3	32,3	47,1	22,8 ± 3,6
1912	0,0	19,2	21,6	27,0	45,2	23,4 ± 1,9
1903—1912	0,0	13,0	22,6	27,1	64,3	21,4 ± 2,6

Der Medianwert aller sichtbaren »Liquidationsreserven« in den Tabellen stellt sich mithin auf 22,6% und schwankt zwischen 13,0% und 27,1%.

Nach der Methode der kleinsten Quadrate berechnet, stellt sich der Durchschnittswert aller sichtbaren »Liquidationsreserven« in den Tabellen auf 21,4% ± 2,6%, d. h. er schwankt zwischen 18,8% und 24%.

Zieht man aus diesen beiden Resultaten den mittleren Wert, dann ergibt sich eine durchschnittliche »Liquidationsreserve« von 22% innerhalb der durch die vorangeführten Schwankungen sich ergebenden Grenzen 15,9% und 25,6%.

Will man weiter aus diesen Ziffern einen Schluß auf das Verhältnis zwischen Vermögenssubstanz und Aktienkapital zur Zeit der Gründung der Aktiengesellschaft ziehen, dann ist

---

waren, dagegen auf 1,0% erhöht worden, wenn sie 0,5% oder mehr betrugen.

der Zuwachs der Vermögenssubstanz von der Gründung bis zur Aktienemission entsprechend zu berücksichtigen.

Da bei manchen Gesellschaften jedoch das Aktienkapital in diesem Zeitraume sich wesentlich ändert, sei es, daß Kapitalserhöhungen oder auch Kapitalsherabsetzungen vorgenommen werden, ist die Vermögenssubstanz stets im Verhältnis zu dem jeweiligen Aktienkapital zu beurteilen; d. h. man darf voraussetzen, daß das Verhältnis zwischen sichtbarer Vermögenssubstanz und Aktienkapital zur Zeit der Emission annähernd richtig das gleiche ist, wie es zur Zeit der Gründung war.

Es bleibt also nur derjenige Vermögenszuwachs besonders zu berücksichtigen, welcher seit der letzten Bilanz vor der Aktienemission stattgefunden hat, ohne daß ihm durch eine inzwischen erfolgte Kapitalserhöhung des Aktienkapitals Rechnung getragen wurde.

Nach allem Vorhergesagten wird man nun bei industriellen Unternehmungen nicht fehlgehen, wenn man diesen Zuwachs der Vermögenssubstanz auf nur 4% im Durchschnitt beziffert.

Es würde sich somit aus allem Vorstehenden die Schlußfolgerung ergeben, daß bei der Umwandlung von industriellen Einzelunternehmungen zu Aktiengesellschaften in der überwiegenden Mehrzahl der Fälle das Aktienkapital auf etwa 78% der Vermögenssubstanz, mit Schwankungen von 74% bis 84% bemessen wird; und daß eine im Verhältnis zur Vermögenssubstanz höhere oder niedrigere Bemessung des Aktienkapitals als eine Abweichung von dem Üblichen anzusehen ist.

Das Risiko der industriellen Unternehmung und sein Einfluß auf den Emissionskurs.

Eine jede industrielle Unternehmung ist mit einem Risiko verbunden, von welchem man annehmen sollte, daß es bei der Bemessung des Emissionskurses der Aktien nicht unberücksichtigt bleibt.

Es können so vielerlei Umstände eintreten, welche einen bis dahin blühenden Industriezweig lahmlegen, daß auch die bestflorierende industrielle Unternehmung keine Gewähr für eine andauernd hohe Verzinsung des in ihr angelegten Kapitals bietet. Eine neue Erfindung, das Aufkommen neuer Produktionsmethoden, ein Wechsel der Mode, das Auftreten neuer Bedürfnisse, eine Verschiebung des Verkehrs und ähnliche Einflüsse von Bedeutung für den Betrieb der betreffenden Unternehmung bilden eine stete Gefahr, mit welcher bei einer jeden industriellen Unternehmung gerechnet werden muß.

Es ist mithin selbstverständlich, daß von industriellen Unternehmungen angesichts dieser Gefahr eine höhere Verzinsung des in ihnen angelegten Kapitals verlangt wird, als der landesübliche Zinsfuß beträgt. Dieses begründete Verlangen ist jedoch nicht gleichmäßig für alle industriellen Produktionszweige zu stellen, weil die verschiedenen Gefahren nicht auch die verschiedenen Industriezweige gleichmäßig bedrohen.

So wird eine industrielle Unternehmung der Nahrungsmittelbranche, z. B. eine Brauerei oder eine Getreidemühle, der Gefahr eines Wechsels der Mode kaum ausgesetzt sein, während andererseits diese Gefahr z. B. bei einer Unternehmung der Beleuchtungsbranche, einer Lampenfabrik, im hohen Maße vorliegt.

Es hat sich daher auch im Laufe der Zeit bereits eine gewisse Erfahrung über die Beständigkeit, d. h. die Lebensdauer von Aktiengesellschaften herausgebildet. So lehrt die Erfahrung, daß z. B. Banken, Versicherungsgesellschaften, Eisenbahnunternehmungen usw. langlebige Aktienunternehmungen sind, während andererseits Warenhäuser, Hotels, Sportplätze usw. als Aktienunternehmungen eine kürzere Lebensdauer aufweisen.

Ähnliches ist auch bei industriellen Unternehmungen der Fall. Hier sind es besonders die Gas- und Elektrizitätswerke, sowie die Unternehmungen der Nahrungsmittelbranche, wie Brauereien, Mühlen, Spritfabriken usw., welche als langlebige angesehen werden. Ihnen gegenüber stehen die Unternehmungen der Fahrradindustrie, Automobilindustrie, sowie Minengesellschaften, Petroleumgesellschaften usw., denen man eine schwankende und vielfach nur kurze Lebensdauer beimißt.

Eine Untersuchung der Einflüsse, welche auf die Bemessung des Emissionskurses bestimmend einwirken, muß daher auch in erster Linie das verschiedenartige Risiko der einzelnen Industriezweige berücksichtigen.

Hat ein Industriezweig erfahrungsgemäß eine kurze Lebensdauer, dann ist auch das mit ihm verbundene Risiko höher. Es wäre also ein berechtigtes Verlangen, wenn die Aktien einer Unternehmung dieses Industriezweiges bei gleich hohem Kurse eine höhere Dividende brächten, als die Aktien einer anderen, langlebigeren und mit einem geringen Risiko verknüpften industriellen Unternehmung.

Bei einer jeden Kapitalsanlage kommt in erster Linie die Sicherheit für das Kapital in Frage. Der mehr oder weniger großen Sicherheit des Kapitals entspricht jedoch auch die Rente. Je gesicherter das Kapital ist, um so niedriger ist die Rente, denn Sicherheit für das Kapital und Höhe der Rente stehen stets in einem Gegensatz zueinander.

Sicherheit für das Kapital, Höhe der Rente und Kurs der

Aktien sollten also bei allen industriellen Unternehmungen in entsprechendem Verhältnis zueinander stehen, derart, daß bei gleichem Aktienkurs die riskanteren Unternehmungen eine höhere Rente brächten.

Wie wenig dies jedoch in der Wirklichkeit der Fall zu sein pflegt, geht aus der folgenden Zusammenstellung aus den hier beigefügten Tabellen hervor.

Ordnet man nämlich die verschiedenen, in den Tabellen aufgeführten Aktiengesellschaften je nach ihrem Produktionszweige in einzelne Gruppen, und zieht man die Durchschnittswerte aus einer jeden Gruppe, dann ergeben sich folgende Resultate:

Durchschnittswerte.

	Anzahl der Gesellschaften	Innerer Aktienwert[20]	Letzte Dividende (anscheinende Rentabilität) %	Emissionskurs	Effektive Rentabilität auf Grund des Emissionskurses %
1. Maschinenfabriken . . .	41	132,5	9,9	160,2	6,2
2. Metallwaren	40	122,6	9,5	158,5	6,0
3. Chemische Fabriken . .	22	139,1	12,3	191,8	6,4
4. Textilindustrie	18	132,9	11,1	180,1	6,2
5. Steine, Zementfabriken .	12	121,4	9,9	149,4	6,7
6. Brauereien, Spritfabriken .	9	140,9	9,5	166,0	5,7
7. Porzellan, Tonwaren . .	9	121,7	9,6	155,2	6,2
8. Elektrische und optische Apparate	9	130,5	12,7	200,8	6,3
9. Automobile, Fahrräder .	7	152,5	15,6	250,3	6,2
10. Lederindustrie, Linoleum	7	129,8	10,5	160,8	6,5
11. Papierfabriken, graphische Industrie	6	122,8	10,8	170,12	6,3
12. Mühlen, Zucker- u. Schokoladenfabriken	6	123,8	8,5	131,8	6,4
13. Bürsten, Zelluloidwaren, Stühle, Musikinstrumente	5	134,3	10,8	171,2	6,3

Die vorstehende Zusammenstellung gibt ein klares Bild, wie sehr hinsichtlich der Emissionskurse von industriellen Unternehmungen Theorie und Praxis voneinander abweichen.

Die Theorie verlangt, wie schon weiter oben erwähnt, daß die Emissionskurse sich nach der Sicherheit für das Kapital richten, und daß diese mehr oder minder große Sicherheit ihr entsprechendes Äquivalent in der niedrigeren oder höheren effektiven Verzinsung des engagierten Kapitals findet.

Die Praxis läßt diese Forderung außer acht und bemißt

---

[20] »Innerer Aktienwert«, d. h. der Kurswert der Aktien, welchen man rechnerisch erhält, wenn man die Vermögenssubstanz durch das Aktienkapital dividiert und mit 100 multipliziert.

die Emissionskurse nicht nach der Sicherheit für das Kapital, sondern nach der Höhe der auf das nominelle Aktienkapital verteilten Dividenden. Hieraus ergeben sich so hohe Kursbemessungen, daß in der Folge gerade das mehr gefährdete Kapital sich effektiv niedriger verzinst als das weniger gefährdete.

Wie aus der vorstehenden Zusammenstellung ersichtlich ist, beträgt die Differenz zwischen der niedrigsten und der höchsten effektiven Rentabilität auf Grund der durchschnittlichen Emissionskurse nur 1%, die Differenz zwischen der niedrigsten und höchsten anscheinenden Rentabilität 7,1% und die Differenz zwischen dem niedrigsten und höchsten Emissionskurse 118,5%.

Es kommt also bei der Art der Kursbemessungen in der Praxis das eigenartige Endresultat heraus, daß die Differenz der durchschnittlichen effektiven Verzinsung des Kapitals bei allen industriellen Unternehmungen nur 1% beträgt, und daß es sich bei den einzelnen Gruppen der industriellen Unternehmungen untereinander nur um Differenzen in der Kapitalsverzinsung von einigen Zehnteln eines Prozentes handelt.

Aus welchem Grunde man jedoch dem Publikum zumutet, ein Kapital zum Kurse von 250 zu riskieren, um 6,2% Verzinsung zu erhalten, wenn es die gleiche Verzinsung schon zum Kurse von 155, oder gar eine höhere Verzinsung von 6,4% schon zum Kurse von nur 132, bzw. eine Verzinsung von 6,7% zum Kurse von nur 149 haben kann, ist unerfindlich.

Es bleibt nur die Schlußfolgerung übrig, daß die Bemessung der Emissionskurse von Aktien industrieller Unternehmungen ohne Rücksichtnahme auf das Risiko der betreffenden industriellen Unternehmung geschieht. Die Möglichkeit hierzu, ebenso wie die Bereitwilligkeit des Publikums, die Aktien trotz dieser Art der Kursbemessung zu kaufen, läßt sich allenfalls durch eine Betrachtung allgemeiner Natur erklären.

Zunächst ist es das Verhalten der gewerbsmäßigen Spekulation, welche gar nicht die Absicht hat, die Industrieaktien als Kapitalsanlage zu erwerben, sondern nur die momentanen Kursschwankungen ausnützen will. Die reine Spekulation ist eben immer kurzfristige Spekulation.

Hierzu kommt alsdann die Überschätzung technischer Erfindungen und technischer Werte seitens der breiten Masse des Publikums, welche die hohe Bemessung der Emissionskurse ohne Rücksicht auf den inneren Wert der betreffenden Industrieaktien ermöglicht. Das Publikum ist nur zu leicht geneigt, technische Fragen sich selbst zu beantworten, ohne über die genügenden technischen Kenntnisse für die Fällung eines sicheren Urteils zu verfügen. Hieraus ergeben sich dann die Übertreibungen auch seitens des Publikums hinsichtlich der Aussichten, welche eine neu auf dem Markt erscheinende industrielle Unternehmung für ihre Entwicklung bietet[21].

Auch pflegt der Käufer von Industriepapieren anders zu rechnen, als der industrielle Unternehmer. Während letzterer die Unternehmung in der Erwartung begründet, sein in ihr angelegtes Kapital mit etwa 10—12% zu verzinsen, begnügt sich der Käufer einer Industrieaktie schon mit einer halb so großen Rente. Der Grund hierfür liegt in dem Risiko der Unternehmung einerseits und der leichten Veräußerlichkeit der Aktie andererseits. Der industrielle Unternehmer kann weder sein Risiko begrenzen, noch sich von der Unternehmung leicht befreien, und besonders dann nicht, wenn die Konjunktur rückgängig ist. Anders der Käufer einer Industrieaktie. Für diesen ist das Risiko durch den Kaufpreis der Aktie begrenzt und an und für sich ein verhältnismäßig kleines, weil die Aktie, wenn auch mit einem Kursverlust, jederzeit leicht verkauft werden kann. Außerdem hat er die Möglichkeit, durch geschickte Benutzung der Börsenstimmung seine Aktie mit einem Kursgewinn wieder zu verkaufen[22].

Wirkt somit das Verhalten der Spekulation und des Publikums auf eine an sich nicht gerechtfertigte Steigerung des Emissionskurses hin, dann kann man es erklärlich finden, wenn die Emittenten von Industrieaktien sich diesen Umstand zunutze machen und ihren Vorteil aus einer möglichst hohen Bemessung des Emissionskurses zu ziehen suchen.

Liegt einerseits hierin ein Vorwurf für die Emittenten, so

---

[21] Welche verderblichen Folgen dieses Verhalten der Spekulation und des Publikums oft nach sich zieht, illustriert die hier folgende Notiz aus der Handelsbeilage des Berliner Tageblattes vom 11. Juli 1910. Abgedruckt im »Das Archiv«, Sammelwochenschrift für Zeitungsnachrichten über Wertpapiere, 1910, Bd. II. Seite 149.

»Vogtländische Tüllfabrik. Vor einigen Wochen hatte die Diskonto-Gesellschaft die Aktien der Vogtländischen Tüllfabrik an die hiesige Börse gebracht. Die Bank hatte einen Einführungskurs von 210% in Aussicht genommen, aber wie in manchen anderen Fällen, so geschah es auch hier: die Spekulation und das Publikum rissen sich um die Aktien, und nachdem das Emissionshaus einige Tage gewartet, die Nachfrage aber nicht nachließ, wurde der erste Kurs auf 260% fixiert. Dann ging der Kurs noch einige Zeit aufwärts bis auf 268%, sank aber schließlich von Tag zu Tag und langte heute auf dem richtigen Einführungskurse von 210% an. Das Publikum muß also seinen Übereifer teuer bezahlen.«

[22] Siehe auch den Artikel die »Einbringungssteuer« (»Die Bank«, Herausgeber Alfred Lansburgh, 1908. 1. Band, Seiten 565 und 566).

wird man andererseits nicht unberücksichtigt lassen dürfen, daß gutgeleitete industrielle Unternehmungen bereits bei Festsetzung der Dividende dem mit der Unternehmung verknüpften Risiko Rechnung zu tragen pflegen. Meistens kommt dies zum Ausdruck durch größere Rückstellungen oder Abschreibungen auf den das Risiko tragenden Konten, so daß die hierdurch geschaffenen Reserven bei der Festsetzung des Emissionskurses als ein bereits für das Risiko vorhandener Ausgleich angesehen werden können.

Aktienkapital, Obligationen und Emissionskurs.

Die fortschreitende Entwicklung der industriellen Produktion bedingt naturgemäß eine entsprechende Anpassung und Ausdehnung der in Frage kommenden einzelnen industriellen Unternehmungen. Ohne Vergrößerung des werbenden Kapitals ist jedoch eine Ausdehnung des Betriebes der einzelnen Unternehmung nicht möglich, und es entsteht daher für eine jede Aktiengesellschaft die wichtige Frage, auf welche vorteilhafteste Art sie gegebenenfalls sich das benötigte neue Kapital beschaffen soll. Hierbei handelt es sich vornehmlich darum, ob es vorzuziehen ist, das Aktienkapital zu erhöhen, oder eine Schuld einzugehen, und durch Ausgabe von Obligationen fremdes Kapital für die Unternehmung heranzuziehen.

Die Ausgabe von Obligationen erscheint zunächst aus dem Grunde verlockend, weil diese nur einen von vornhinein bestimmten Betrag für ihre Verzinsung und ihre Amortisation erfordern. Erzielt die Unternehmung also aus dem nunmehr mitwerbenden Obligationenkapital einen höheren Ertrag als für den Zinsen- und Amortisationsdienst der Obligationsschuld benötigt wird, dann kann sie diesen Überschuß für sich behalten, d. h. ihn gewissermaßen als eine Extradividende an ihre Aktionäre verteilen.

Einen weiteren Grund für die Ausgabe von Obligationen bildet der Umstand, daß ein erheblicher Teil des Publikums den Erwerb von industriellen Obligationen dem Erwerbe von industriellen Aktien vorzieht, und die Obligationen daher im allgemeinen leichtere Aufnahme beim Publikum finden als die Aktien. Wenngleich die Obligationen industrieller Unternehmungen nicht dieselbe Sicherheit gewähren, wie öffentliche Anleihen, so bieten sie doch immerhin eine größere Sicherheit als die Aktien derselben Unternehmung, und sind rentabler als die öffentlichen Anleihen.

Ferner erscheint es auch in manchen Fällen nicht tunlich, eine Erhöhung des Aktienkapitals vorzunehmen, weil nicht immer mit dieser Kapitalserhöhung gleichzeitig auch eine entsprechende Vermehrung der werbenden Vermögenssubstanz erfolgen würde, und weil außerdem auch nicht immer eine entsprechende Verzinsung des erhöhten Aktienkapitals gesichert erscheint. Die Kapitalserhöhung würde sich also in diesen Fällen nur als eine sogenannte »Kapitalsverwässerung« darstellen, deren Folgen sich in einem Sinken des Aktienkurses unangenehm bemerkbar machen würden.

Die Erfahrungen, welche mit der Ausgabe von Obligationen, besonders in der Schweiz, gemacht worden sind, haben indessen gelehrt, daß sich zur Ausgabe von Obligationen vornehmlich nur solche industriellen Unternehmungen eignen, welche von der Konjunktur auf dem Markte wenig abhängig sind, also z. B. Eisenbahnen, Straßenbahnen, städtische Beleuchtungs- und Wasserversorgungswerke usw. Außerdem muß auch das Obligationenkapital in einem gesunden Verhältnis zum Aktienkapital stehen, wenn nicht die Unternehmung, falls ihr Erträgnis auch nur vorübergehend für den Zinsendienst der Obligationsschuld nicht ausreicht, der Gefahr des Zusammenbruches ausgesetzt sein soll.

Da in der Schweiz die Ausgabe von Obligationen einen weiteren Umfang angenommen hat als in Deutschland, ist das Resultat der eingehenden Untersuchung von Furlan auch für deutsche Verhältnisse recht lehrreich.

Furlan untersucht die Einwirkung des Verhältnisses zwischen eigenem und fremdem Kapital auf das Erträgnis der Unternehmung wie folgt[23]:

Ein praktisches Beispiel: Nehmen wir an, ein Unternehmen arbeite insgesamt mit einem Kapital von 10 Millionen, und es erziele in einer Reihe von Jahren, nach Abzug der entsprechenden Beträge für Abschreibungen und Reserven, einen Gesamtertrag von 2 bzw. 4, 6, 8, 10 und 12 % auf dieses Kapital. Wie stellt sich der für die Ausschüttung der Dividenden und Tantiemen verbleibende Reinertrag:

1. wenn das Kapital zur Hälfte aus Aktien, zur anderen Hälfte aus einer festen 4 prozentigen Schuld besteht? (Kategorie A);

2. wenn das Obligationenkapital 40 %, das Aktienkapital 60 % ausmacht? (Kategorie B);

3. und 4. wenn das Obligationenkapital nur 20 %, das Aktienkapital dagegen 80 % ausmacht, bzw. wenn das ganze Unternehmungskapital im Wege der Aktienausgabe aufgebracht ist? (Kategorie C bzw. D).

---

[23] Furlan, V., »Die Emission von Schuldverschreibungen in der Schweiz« (»Die Bank«, 1911, II. Bd., Seite 844 u. f.).

Wir haben somit in den einzelnen Fällen:

	Aktien-kapital	Obligationen	Zinsendienst d. Oblig.
Kategorie A	5 000 000	5 000 000	200 000
„ B	6 000 000	4 000 000	160 000
„ C	8 000 000	2 000 000	80 000
„ D	10 000 000	—	—

Im ungünstigen Falle beträgt der Gesamtertrag nach unserer Annahme 2 % des im Betriebe arbeitenden Kapitals, also 200 000. Es verbleiben somit, unter Berücksichtigung des Zinsendienstes auf die Obligationen (jedoch ohne Berücksichtigung der Amortisation), an Dividenden und Tantiemen:

Kategorie A   0 = 0 %   des Aktienkapitals
„ B   40 000 = $^2/_3$ %   „   „
„ C   120 000 = $1^1/_2$ %   „   „
„ D   200 000 = 2 %   „   „

Bei einem Gesamtertrag von 4 %, gleich 400 000, entfallen auf Dividende und Tantiemen:

Kategorie A   200 000 = 4 %   des Aktienkapitals
„ B   240 000 = 4 %   „   „
„ C   320 000 = 4 %   „   „
„ D   400 000 = 4 %   „   „

Verzinst sich das Anlagekapital mit 6 % (600 000) brutto, so berechnet sich der Nettoertrag wie folgt:

Kategorie A   400 000 = 8 %   des Aktienkapitals
„ B   440 000 = $7^1/_3$ %   „   „
„ C   520 000 = $6^1/_2$ %   „   „
„ D   600 000 = 6 %   „   „

Endlich bei 8, 10 und 12 % Verzinsung des angelegten Kapitals (800 000 bzw. 1 Million und 1 200 000):

```
      8 %              10 %              12 %
A  600 000 = 12 %    800 000 = 16 %    1 000 000 = 20 %    des Akt.-Kap.
B  640 000 = $10^2/_3$ %  840 000 = 14 %    1 040 000 = $17^1/_3$ %   „   „
C  720 000 = 9 %     920 000 = $11^1/_2$ %  1 120 000 = 14 %    „   „
D  800 000 = 8 %    1 000 000 = 10 %   1 200 000 = 12 %    „   „
```

Das Ergebnis ist somit folgendes: Wird ausschließlich mit eigenem Kapital gearbeitet (Kategorie D), so steigt der Nettoertrag oder wenn man will die Dividende in regelmäßigen Intervallen von 2 auf 12 %, während sie in:

Kategorie A   (50 % Obligationen)   von   0 auf 20 %
„ B   (40 %   „   )   „ $^2/_3$ „ $17^1/_3$ %
„ C   (20 %   „   )   „ $1^1/_2$ „ 14 %

steigt. Der Reingewinn wechselt also um so jäher, und die Entwicklung des Unternehmens wird um so unberechenbarer, je größer die festverzinsliche Schuld der Gesellschaft ist. Dabei haben wir als Maximum angenommen, daß die Obligationenschuld dem Aktienkapital gleichkommt. Wie aber, wenn das fremde Kapital das eigene um das Zwei- oder Dreifache übertrifft, was nur zu häufig vorkommt? Nehmen wir folgenden durchaus normalen Fall an: Der Bruttoertrag (abzüglich Rückstellungen und Abschreibungen) des in einem Unternehmen arbeitenden Kapitals von 10 Millionen betrage im ersten Jahre 4 %, steige im nächstfolgenden Jahre auf 5 % und gehe dann auf 3 % zurück. Arbeitet die Gesellschaft ausschließlich mit eigenem Kapital, so wird die Dividende auch nur den Sprung von 4 auf 5 und dann auf 3 % machen. Ist das Kapital, mit dem das Unternehmen arbeitet, zur Hälfte Aktienkapital und zur anderen Hälfte eine zu 4 % verzinsliche Obligationenschuld, dann wird der Sprung schon beträchtlicher: Die Dividende steigt von 4 % auf 6 % und fällt dann auf 2 %. Noch höher werden die Schwankungen, wenn das Obligationenkapital anderthalbmal so groß ist, wie das der Aktionäre. Die Dividende erhebt sich von 4 % auf $6^{1}/_{2}$ %, um dann auf $1^{1}/_{2}$ % zu sinken. Und je höher die Verschuldung, desto sprunghafter der Reinertrag.«

Das vorstehende von Furlan angeführte Beispiel zeigt, daß bei der Beurteilung der finanziellen Lage einer industriellen Unternehmung die Höhe ihrer Obligationsanleihe mit in Betracht gezogen werden muß, wenn man nicht zu falschen Resultaten kommen will. Sobald eine verhältnismäßig große Obligationsschuld verzinst werden muß, erscheint einerseits die Rentabilität der Unternehmung künstlich vergrößert, wenn man dieselbe nur nach den zur Verteilung gelangenden Dividenden bemißt. Andererseits erscheint, wiederum nach den Dividenden beurteilt, der Verlust an Rente höher als er tatsächlich ist, sobald das Erträgnis der Unternehmung zurückgeht.

In der anscheinenden Erhöhung der Rentabilität liegt nun für viele Unternehmungen ein Anreiz, die Aufnahme einer Obligationsschuld der Erhöhung des Aktienkapitals vorzuziehen, um auf diese Weise den Kurs der Aktien hoch zu halten.

Da es die Regel ist, Aktienemissionen nur dann vorzunehmen, wenn das zeitige Erträgnis der Unternehmung ein günstiges ist, bietet die scheinbar höhere Rentabilität der Unternehmung die Möglichkeit, den Emissionskurs für die Aktien höher zu bemessen, als er nach der effektiven Rentabilität der Unternehmung gerechtfertigt wäre. Es wird eben hierbei mit der Unachtsamkeit der breiten Masse des Publikums gerechnet, welches nur die hohe zur Ausschüttung gelangende Dividende vor sich sieht und nicht überlegt, daß die effektive Verzinsung des Gesamtkapitals der Unternehmung eine erheblich niedrigere ist. Hierin liegt auch hauptsächlich der Grund für die großen Verluste, welche dem Publikum an seinen industriellen Aktien erwachsen, sobald das Erträgnis der Unternehmung sinkt, denn da aus dem Erträgnis zunächst die Obligationszinsen bezahlt werden müssen, bleibt in diesem Falle für die Aktien nur wenig oder nichts übrig und die Folge ist ein Sinken des Kurses der Aktien.

In Deutschland ist das Verhältnis der Obligationen zum Aktienkapital bisher noch ein günstiges geblieben, so daß sich im allgemeinen gegen die bisher erfolgte Ausgabe von Obligationen nichts einwenden läßt. Allerdings ist nicht zu verkennen, daß auch in Deutschland die industriellen Obligationen einen steten Zuwachs erfahren [24].

Die Statistik der in den zehn Jahren 1902—1911 an sämtlichen deutschen Börsen zum Börsenhandel zugelassenen inländischen Wertpapiere von industriellen Unternehmungen aller Art gibt folgendes Bild [25]:

(Die Werte in Millionen Mark angegeben.)

im Jahre:	1902	1903	1904	1905	1906
Aktien	154,3	187,1	260,0	358,0	461,4
Obligationen	130,3	72,8	118,3	188,3	195,3
im Jahre:	1907	1908	1909	1910	1911
Aktien	280,7	245,5	389,9	411,5	356,5
Obligationen	147,8	286,1	257,4	153,0	310,6

Zieht man aus diesen statistischen Angaben diejenigen Emissionen von Aktien und Obligationen heraus, welche in dem letzten Jahrzehnt speziell auf die industriellen Unternehmungen im engeren Sinne (Fabrikbetriebe) entfielen, dann ergibt sich die interessante Tatsache, daß die verschiedenen Produktionsgruppen hinsichtlich der Emission von Aktien und Obligationen sich sehr verschieden verhalten. Einzelne Produktionsgruppen bevorzugen geradezu die Ausgabe von Obligationen, während andere Gruppen mit derselben recht zurückhaltend sind. Die folgende Tabelle, welche ebenfalls aus den »Vierteljahrsheften zur Statistik des Deutschen Reiches« zusammengestellt ist, läßt dies klar erkennen.

Es gelangten zur Emission (die Werte wiederum in Millionen Mark angegeben) im Jahre:

---

[24] Freund, G. G., »Die Rechtsverhältnisse der öffentlichen Anleihen«, 1907, Seite 22. Freund führt hier an, daß im letzten Jahrzehnt vor 1907 die Anleihen der industriellen Gesellschaften außerordentlich zugenommen haben. Während bis 1894 ca. 1000 Millionen Industrieobligationen emittiert wurden, wären von 1894—1906 weit über 1500 Millionen neu emittiert worden.

[25] Siehe »Vierteljahrsheft zur Statistik des Deutschen Reiches«, Jahrgang 1912.

		1902	1903	1904	1905	1906	1907	1908	1909	1910	1911
1. Maschinenfabriken:	Aktien	13,4	18,8	39,3	27,1	41,6	15,0	38,5	69,6	24,8	47,9
	Obligationen	7,6	18,7	6,3	14,0	4,9	5,0	28,7	11,7	14,3	3,3
2. Metallwerke:	Aktien	1,8	21,9	3,5	12,8	22,4	1,9	16,0	20,7	25,3	45,6
	Obligationen	0,5	2,4	1,5	2,3	—	—	3,0	3,1	11,0	3,0
3. Elektrotechn. Fabriken:	Aktien	11,0	7,0	47,7	52,7	122,3	59,1	26,0	59,1	65,5	42,0
	Obligationen	31,3	12,0	16,3	62,4	74,2	46,5	103,0	32,5	35,8	140,1
4. Industrie d. Steine u. Erden:	Aktien	4,2	6,2	24,0	10,0	21,4	21,1	3,7	17,0	8,9	6,6
	Obligationen	7,8	1,4	10,3	1,2	0,5	7,0	2,5	8,9	6,3	4,0
5. Chemische Fabriken:	Aktien	3,5	9,8	25,0	21,1	15,8	5,1	44,7	19,7	13,7	21,4
	Obligationen	1,0	1,5	—	13,5	3,0	3,3	16,0	44,2	2,0	5,0
6. Textilfabriken:	Aktien	9,1	15,4	17,8	11,2	10,9	19,7	2,6	19,9	18,6	18,9
	Obligationen	6,7	5,1	2,5	4,5	11,4	2,3	—	—	3,6	4,3
7. Papierfabriken:	Aktien	4,2	2,3	9,2	6,3	7,0	8,3	3,0	17,2	11,5	5,6
	Obligationen	1,3	2,4	4,6	1,2	4,7	—	5,0	16,0	5,0	—
8. Polygraphische Fabriken:	Aktien	—	3,3	0,1	3,6	0,1	1,1	0,1	1,3	1,1	0,2
	Obligationen	—	—	—	0,6	—	—	0,7	—	—	—
9. Leder- u. Schuhfabriken:	Aktien	—	1,2	—	3,2	1,0	—	—	0,8	2,2	0,7
	Obligationen	—	1,2	—	1,0	—	—	—	—	—	—
10. Gummiwarenfabriken:	Aktien	2,5	—	—	2,2	4,3	—	1,2	3,4	5,0	0,8
	Obligationen	—	—	—	—	4,0	—	—	—	—	—
11. Ölfabriken:	Aktien	0,5	3,4	1,0	1,2	3,0	2,0	11,0	3,3	9,8	1,0
	Obligationen	4,0	—	3,5	—	—	6,1	—	0,7	2,0	2,0
12. Brauereien, Mälzereien:	Aktien	13,2	3,7	12,5	13,3	17,5	9,7	4,4	5,1	1,4	3,0
	Obligationen	2,5	7,0	7,1	5,1	12,2	3,0	1,8	3,4	—	2,9
13. Brennereien:	Aktien	—	—	2,5	1,0	—	—	—	—	2,7	1,4
	Obligationen	—	—	0,5	—	—	—	—	—	1,5	—
14. Zuckerfabriken:	Aktien	1,5	—	5,6	5,6	—	6,6	—	2,9	8,8	1,4
	Obligationen	—	—	—	—	—	4,0	—	—	—	4,0
15. Mühlen:	Aktien	1,5	0,3	2,0	0,5	2,7	22,1	3,0	1,0	10,5	17,1
	Obligationen	0,9	—	—	—	—	—	—	—	4,0	—

176.

Es betragen somit die Obligationen bei:

Maschinenfabriken	34,1 %	des Aktienkapitals
Metallwerken	14,7 %	„ „
Elektrotechnischen Fabriken	112,5 %	„ „
Steine- und Erdenindustrien	40,5 %	„ „
Chemischen Fabriken	48,1 %	„ „
Textilfabriken	28,0 %	„ „
Papierfabriken	53,9 %	„ „
Polygraphischen Fabriken	11,9 %	„ „
Leder- und Schuhfabriken	24,2 %	„ „
Gummiwarenfabriken	38,4 %	„ „
Ölfabriken	50,6 %	„ „
Brauereien und Mälzereien	50,7 %	„ „
Brennereien	26,3 %	„ „
Zuckerfabriken	24,7 %	„ „
Mühlen	9,9 %	„ „

Mit Ausnahme der elektrotechnischen Fabriken ist also bei allen den vorgenannten industriellen Produktionszweigen in Deutschland das Obligationenkapital wesentlich kleiner als das Aktienkapital.

Bei den elektrotechnischen Fabriken hat das Arbeiten mit einer hohen Obligationsschuld eine anscheinende Erhöhung der Rentabilität zur Folge, wie dies auch aus dem weiter oben angeführten Beispiele von Furlan hervorgeht. Diese anscheinend hohe Rentabilität erklärt zum Teil auch die Vorliebe des Publikums für die Aktien elektrotechnischer Fabriken.

Im Durchschnitt aller vorerwähnten Produktionszweige stellt sich das Obligationenkapital bei den industriellen Unternehmungen (Fabrikbetrieben) in Deutschland auf nur 37,9% des Aktienkapitals.

Aus den dieser Arbeit beigefügten Tabellen kann sich naturgemäß kein wesentlich anderes Verhältnis ergeben, da ja die in den Tabellen aufgeführten 191 an der Berliner Börse eingeführten industriellen Aktienunternehmungen nur einen Teil der weiter vorerwähnten Aktiengesellschaften bilden, und daher in denselben bereits mitenthalten sind.

Es läßt sich jedoch an dem Tabellenmaterial noch besonders untersuchen, ob das Verhältnis zwischen Aktienkapital und Obligationenkapital einen Einfluß auf den Emissionskurs der Aktien ausübt.

Zunächst geht aus den Tabellen hervor, daß nur die kleinere Anzahl der Aktiengesellschaften bereits vor der Einführung ihrer Aktien an der Berliner Börse Obligationenanleihen aufgenommen hatte .Von den 191 Aktiengesellschaften waren es nur 58 Gesellschaften, d. h. nur 30,4%.

Vergleicht man nun die Emissionskurse derjenigen Gesellschaften, welche keine Obligationenanleihe aufgenommen haben, mit den Emissionskursen der anderen Gesellschaften, welche eine Obligationsschuld haben, und nimmt man hierbei als Ausgangspunkt den Betrag an, welcher bei den einzelnen Gesellschaften als Dividende auf das Aktienkapital und als Obligationszinsen zur Auszahlung gelangte, dann erhält man die hier folgende Übersicht:

Der gewogene Durchschnitt der Emissionskurse belief sich bei den Gesellschaften wie folgt:

Anzahl der Gesellschaften	Ausgezahlte Dividenden und Obligationszinsen auf je 100 Mk. insgesamt	Gesellschaften ohne Obligationenanleihe %	Gesellschaften mit einem Obligationen-Umlauf in Höhe von ... % des Aktienkapitals				
			0—25 %	26—50 %	51—75 %	76—100 %	über 100 %
16	bis 6 Mk.	127,70	110,—	143,10	110,20	138,10	—
26	„ 7 „	125,50	125,20	135,50	131,30	175,—	—
36	„ 8 „	146,80	164,25	136,40	165,50	—	—
19	„ 9 „	153,50	118,90	170,20	228,—	—	—
35	„ 10 „	166,20	164,90	171,90	—	—	—
23	„ 12 „	178,40	—	184,50	189,80	—	—
12	„ 14 „	187,20	180,—	260,50	—	—	—
15	„ 16 „	214,95	—	312,50	—	—	361,50
9	„ 30 „	342,38	—	—	—	—	—
191							

Die vorstehende Zusammenstellung zeigt in den vertikalen Kolonnen eine gewisse Regelmäßigkeit, welche sich auf die Höhe der als Dividenden und Obligationszinsen ausgezahlten Beträge gründet, und daher als eine naturgemäße anzusehen ist. Mit vereinzelten Ausnahmen steigt der Emissionskurs zugleich mit dem Betrage, welcher an die Aktionäre und Obligationäre zur Ausschüttung gekommen ist. Aber dieses an sich natürliche Steigen des Emissionskurses ist kein gleichmäßiges, sondern ein unregelmäßiges. Nur bei denjenigen Aktiengesellschaften, welche keine Obligationen ausgegeben haben, zeigt das Steigen der Emissionskurse eine annähernde Regelmäßigkeit.

Untersucht man dagegen die horizontalen Kolonnen, dann zeigt sich, daß in diesen das Unregelmäßige überwiegt, wenngleich die Tatsache bestehen bleibt, daß alle Emissionskurse der Aktiengesellschaften mit den jeweilig größten Obligationsschulden höher sind, als die Emissionskurse der in derselben Kolonne rangierenden Aktiengesellschaften ohne Obligationsschulden.

Es ergibt sich also hieraus als Schlußfolgerung die Richtigkeit des schon weiter oben Gesagten, daß die scheinbar höhere Rentabilität der Aktiengesellschaften mit einer Obligationsschuld die Möglichkeit bietet, den Emissionskurs höher zu bemessen, als er nach der effektiven Rentabilität der Unternehmung gerechtfertigt wäre, und daß diese Möglichkeit auch in den meisten Fällen ausgenützt wird.

Konjunktur und Emissionskurs.

Unter Konjunktur. versteht man allgemein die Aussichten, welche sich je nach der Marktlage bzw. nach der jeweiligen Größe des Angebots und der Nachfrage für geschäftliche Unternehmungen darbieten.

Es besteht nun kein Zweifel darüber, daß im besonderen bei industriellen Unternehmungen die Konjunktur zu der gleichen Zeit für eine Reihe von Produktionszweigen hervorragend gut und für eine andere Reihe von Produktionszweigen geradezu trostlos sein kann. Man vergegenwärtige sich z. B. die Zeit bei Ausbruch eines Krieges. Während alle diejenigen Produktionszweige, welche Kriegsmaterial erzeugen, in dieser Zeitepoche in ihren Betrieben fieberhaft beschäftigt sind und die eingehenden Aufträge kaum rechtzeitig erledigen können, müssen andere Produktionszweige, z. B. solche, welche sich nur mit der Herstellung von Luxusartikeln für den privaten Gebrauch befassen, ihren Betrieb mangels Aufträge einschränken oder ganz stillstehenlassen.

Trotzdem werden derartige partielle Konjunkturen erst in zweiter Linie einen Einfluß auf den Emissionskurs von industriellen Unternehmungen ausüben, denn in erster Linie wird die jeweilige Lage des Geldmarktes sowohl auf die Anzahl der Emissionen überhaupt, als auch auf die Höhe der einzelnen Emissionskurse bestimmend sein.

Es wird z. B. niemandem einfallen, beim Ausbruch eines Krieges, d. h. in einer Zeit, da das breite Publikum ängstlich bemüht ist, seinen Besitz an Wertpapieren privater Unternehmungen zu verkaufen, um Bargeld dafür einzutauschen, mit einer Emission von Aktien einer industriellen Unternehmung an den Markt zu kommen. Das Resultat würde jedenfalls ein recht schlechtes sein.

Man kann daher deutlich ein Zu- und Abnehmen der Emissionen von Aktien industrieller Unternehmungen erkennen, je nachdem die allgemeine wirtschaftliche Konjunktur steigt oder sinkt.

Hierüber schreibt auch Prion:

»Wie für jede Preisbildung, ist endlich auch für die Gestaltung des ersten Kurses neuer Aktien die jeweilige Börsen- und Wirtschaftslage von erheblicher Bedeutung. Bei günstigen Aussichten der Industrie und steigenden Kursen ist das Publikum eher geneigt, sich an der Übernahme von Aktien zu beteiligen, als in Zeiten der Stockung. Deshalb auch die Gepflogenheit der Banken, die Ausgabegeschäfte nach Möglichkeit in die Zeiten lebhaften Geschäftsverkehrs an der Börse zu verlegen [26].«

Die jeweilige wirtschaftliche Lage findet jedoch unter anderem einen deutlichen äußeren Ausdruck auch in dem Steigen und Fallen der Kurse aller Wertpapiere, und in dem durch Nachfrage und Angebot Teurer- oder Billigerwerden des Geldes, d. h. in dem Steigen oder Sinken des Diskontsatzes. Dies hebt auch Landmann besonders hervor:

»Steigt nämlich der Diskontosatz über die Höhe des landesüblichen Zinsfußes, dann pflegen in der Regel starke Effektenverkäufe stattzufinden, da die Möglichkeit, das Geld im Diskontogeschäft rentabler anzulegen, viele Geldkapitalienbesitzer veranlaßt, ihre bisher in Effekten angelegten Mittel flüssig zu machen, und das dadurch gesteigerte Effektenangebot drückt die Kurse nieder. Hingegen bewirkt ein Sinken des Diskontosatzes unter das Niveau des landesüblichen Zinsfußes umfangreiche Effektenankäufe, da es nun rentabler wird, Geld in den zum landesüblichen Satze sich verzinsenden Papieren anzulegen, als in dem einen niedrigeren Zins abwerfenden Diskontogeschäfte. Durch die gesteigerte Nachfrage schnellen die Kurse empor [27].«

Wie zutreffend diese Ausführungen Landmanns sind, zeigt sich, wenn man den Kursstand der Dividendenwerte und die Höhe der Diskontsätze während einer längeren Zeitperiode miteinander vergleicht.

So stellten sich die Kurse aller deutschen Dividendenwerte und die jeweiligen Diskontsätze in den Jahren 1905—1912 wie folgt [28]:

	1905		1906		1907		1908	
	Kursstand	Diskontsatz	Kursstand	Diskontsatz	Kursstand	Diskontsatz	Kursstand	Diskontsatz
Januar	162,06	4,23	165,11	5,52	160,59	6,70	144,44	6,93
Februar	165,09	3,72	163,44	5,—	156,96	6,—	142,41	6,—
März	166,10	3,—	165,38	5,—	152,61	6,—	143,42	5,60
April	165,83	3,—	164,64	5,—	151,76	5,87	145,29	5,44
Mai	165,09	3,—	163,80	4,87	149,67	5,50	145,74	5,—
Juni	165,53	3,—	160,78	4,50	148,12	5,50	142,40	4,35
Juli	169,20	3,—	160,30	4,50	147,86	5,50	144,45	4,—
August	176,46	3,—	165,57	4,50	145,21	5,50	146,56	4,—
September	175,67	3,67	162,66	4,72	149,10	5,50	146,87	4,—
Oktober	175,14	4,98	161,55	5,57	143,90	5,50	146,19	4,—
November	171,84	5,48	162,91	6,—	143,05	7,27	147,62	4,—
Dezember	171,72	5,83	165,43	6,43	142,65	7,50	148,09	4,—

[26] Prion, W., »Die Preisbildung an der Wertpapierbörse« 1910, S. 45.

[27] Julius Landmann, »System der Diskontpolitik«, 1900, S. 49 u. f.

[28] Zusammengestellt aus der »Volkswirtschaftlichen Chronik«, Jahrgänge 1905—1912, und aus »Die Konjunktur«, 1.—3. Jahrgang. (Die einzelnen Zahlen sind monatliche Durchschnittswerte.)

	1909		1910		1911		1912	
	Kursstand	Diskontsatz	Kursstand	Diskontsatz	Kursstand	Diskontsatz	Kursstand	Diskontsatz
Januar	150,66	4,—	163,29	4,80	164,18	5,—	161,60	5,—
Februar	149,15	3,77	162,47	4,20	165,60	4,71	159,41	5,—
März	149,60	3,5	163,35	4,—	164,78	4,—	158,93	5,—
April	153,47	3,5	161,83	4,—	163,68	4,—	160,78	5,—
Mai	153,88	3,5	164,20	4,—	163,52	4,—	158,67	5,—
Juni	153,63	3,5	160,54	4,—	163,64	4,—	157,96	4,66
Juli	156,84	3,5	161,31	4,—	164,23	4,—	160,03	4,50
August	158,91	3,5	163,22	4,—	161,28	4,—	162,25	4,50
September	166,05	3,69	163,21	4,20	155,54	4,42	162,66	4,50
Oktober	163,71	4,70	163,84	5,—	158,46	5,-	154,63	4,63
November	163,64	5,—	163,46	5,—	162,24	5,—	155,19	5,57
Dezember	164,03	5,—	162,55	5,—	163,12	5,—	154,11	6,—

Zieht man aus der vorstehenden Zusammenstellung die Durchschnittswerte aus, dann tritt der Zusammenhang zwischen Kursstand und Diskontsatz, bzw. die Abhängigkeit der Kurshöhe von der Höhe des jeweiligen Diskontsatzes, noch deutlicher in die Erscheinung.

Es ergeben sich nämlich die folgenden Durchschnittswerte[29]:

Diskontsatz: 3%   4%   5%   6%   7%
Durchschnittskurse: 161,21 158,80 159,63 155,93 147,68

Es zeigt sich somit aus dem vorstehenden, daß die Höhe der Kurse von der Höhe der Diskontsätze, d. h. von der Konjunktur abhängig ist. Die dieser Arbeit beigefügten Tabellen lassen nun ferner erkennen, daß auch die Anzahl der Emissionen von Industrieaktien von der jeweilig herrschenden Konjunktur direkt beeinflußt wird.

Wie aus diesen Tabellen hervorgeht, war die Anzahl der Aktienemissionen in den Jahren 1903—1906 eine stetig steigende. Dann fiel diese Zahl im Jahre 1907 plötzlich auf einen Tiefstand herab und ist seitdem zwar wieder gestiegen, jedoch nur schwankend und ohne den früher innegehabten Höchststand wieder zu erreichen. Vergleicht man nun diese Zahlen mit den Diskontsätzen der betreffenden Jahre, dann ergibt sich deutlich der enge Zusammenhang zwischen Konjunktur auf dem Geldmarkte und Aktienemissionen. Es waren nämlich:

(Siehe Tabelle auf Seite 30).

Aus dieser Zusammenstellung läßt sich ohne weiteres der Grund für das Zurückgehen der Aktienemissionen im Jahre 1907

---

[29] Bei Ermittelung dieser Durchschnittskurse wurden die Diskontsätze unter 0,5% nicht berücksichtigt, dagegen diejenigen über 0,5% zu 1% aufgerundet.

Jahr der Emission	Anzahl der Emissionen	Niedrigster Diskontsatz %	Höchster Diskontsatz %	Durchschnittlicher Diskontsatz %
1903	14	3,50	4,—	3,84
1904	23	4,—	5,—	4,22
1905	25	3,-	6,—	3,82
1906	32	4,50	7,—	5,15
1907	6	5,50	7,50	6,03
1908	11	4,—	7,50	4,76
1909	24	3,50	5,—	3,93
1910	18	4,—	5,—	4,35
1911	13	4,—	5,—	4,43
1912	25	5,—	6,—	4,75

und 1908 entnehmen. Der Diskontsatz war gegen Ende des Jahres 1906 bereits auf 7% gestiegen, erreichte dann im Jahre 1907 die ungewöhnliche Höhe von $7^1/_2\%$ und hielt sich auf derselben auch noch in den Anfang des Jahres 1908 hinein. Daß in der Zeit eines so hohen Geldstandes sich nur wenige Unternehmungen mit einer Emission ihrer Aktien auf den Markt wagten, ist ohne weiteres klar. So zeigt sich denn auch, daß im Jahre 1909, als der Diskontsatz wieder erheblich hinunterging, die bis dahin zurückgehaltenen Emissionen sofort auf den Markt kamen, und daß ihre Anzahl, von 6 bzw. 11 in den Jahren 1907 und 1908, sofort wieder auf 24 hinaufschnellte. Das nochmalige Steigen des Diskontsatzes hatte dann in den Jahren 1910 und 1911 wieder einen Rückgang der Aktienemissionen zur Folge, und erst im Jahre 1912, als die deutsche Industrie sich hinsichtlich des Grades ihrer Beschäftigung einer Hochkonjunktur gegenüber sah, kamen wieder mehr Aktienemissionen auf den Markt.

Es ist begreiflich, daß die Emittenten mit Rücksicht auf den jeweiligen Diskontsatz, und auf die hiermit zusammenhängende, mehr oder weniger große Neigung des Publikums für den Erwerb von Industrieaktien den Emissionskurs höher oder niedriger bemessen, bzw. mit der Emission warten, bis sich die Lage des Geldmarktes wieder gebessert hat.

Aus allem vorstehenden läßt sich somit der Schluß ziehen, daß die Anzahl der Emissionen und die Höhe des Emissionskurses von der Konjunktur auf dem Geldmarkte wesentlich beeinflußt werden, bzw. direkt von ihr abhängig sind.

Innerer Aktienwert und Emissionskurs.

Der sogenannte »innere Aktienwert« gibt lediglich das rechnerische Verhältnis der aus der Bilanz ersichtlichen Vermögenssubstanz zum Aktienkapital an.

Wenn beispielsweise die in der Bilanz nachgewiesene schuldenfreie Vermögenssubstanz 1 250 000 und das Aktienkapital 1 000 000 beträgt, dann ist der »innere Wert der Aktie« 125.

Dieser innere Wert ist aus dem Grunde für den Käufer einer Aktie von Bedeutung, weil die Aktie — solange eine schuldenfreie Vermögenssubstanz vorhanden ist —, selbst dann noch einen Verkaufswert repräsentiert, wenn die Unternehmung während einer längeren Reihe von Jahren keine Dividenden bringt.

Allerdings wird man eine Unternehmung, welche keine Dividenden abwirft, meistens nur sehr niedrig bewerten können, und unter Umständen ihr vielleicht jedweden Wert absprechen müssen. Dennoch ist immerhin eine Anzahl Fälle vorhanden, in welchen die Vermögenssubstanz durch ein Ausbleiben der Rente nicht ihren Wert an sich verliert. In einzelnen dieser Fälle kann mit einer zukünftigen Rentabilität gerechnet werden, wenn die Unternehmung weiterbetrieben wird. Oder es kann vielleicht die Vermögenssubstanz der Unternehmung auf dem Wege der Liquidation oder der Fusion mit einer anderen Unternehmung nutzbringend verwertet werden. Sobald jedoch die Vermögenssubstanz dauernd sich verringert, sinkt unter allen Umständen auch der Wert der Aktie.

Aus dem vorstehenden erklärt sich auch die Tatsache, daß die Aktien von verhältnismäßig zahlreichen Aktiengesellschaften, welche schon seit Jahren keine Dividende auszahlten, nicht nur an den Börsen gehandelt werden, sondern auch Kursschwankungen ausgesetzt sind.

Der wirkliche Wert der Aktie läßt sich dagegen aus der Bilanz allein nicht feststellen. Einmal ist für den wirklichen Wert der Aktie nicht allein die Vermögenssubstanz, sondern auch der Ertrag der Unternehmung bzw. die zur Auszahlung kommende Dividende maßgebend. Dann aber ist auch aus der Bilanz die effektive Vermögenssubstanz nicht ersichtlich, denn es können ebensowohl Unterbewertungen und dadurch nicht sichtbare Reserven vorhanden sein, als auch Überbewertungen infolge nicht genügender Abschreibungen und zu hoher Schätzungen einzelner Vermögensteile vorliegen.

Derselben Ansicht ist auch Prion, welcher erklärt:

»Trotzdem bleibt als wichtigste Grundlage der jeweilige Wert der Aktien oder, wie ihn die Börse nennt, der ‚innere Wert' der Aktien bestehen. Dieser ist, da die Aktie einmal einen Anteil am Vermögen der Gesellschaft darstellt, und ferner einen verhältnismäßigen Anspruch an die Gewinnerträgnisse gewährt, auf zwei völlig verschiedene Ursachen zurückzuführen, die seine exakte Bestimmung in außerordentlichem Maße erschweren.

Schon bei der Erfassung des Gesellschaftsvermögens stößt man auf erhebliche Schwierigkeiten. Zwar gibt die am Schlusse des Geschäftsjahres aufzustellende Bilanz eine Nachweisung des Vermögens; ihr haften aber in der Regel so viele Mängel an, daß sie nur mit großer Vorsicht zu gebrauchen ist. Die einzelnen Vermögensstücke sind teilweise eingeschätzt, teilweise zu Preisen berechnet, die nur unter gewissen Voraussetzungen zu erzielen sind; das Vorhandensein sog. stiller Reserven kann das buchmäßig ausgeworfene Vermögen erheblich erhöhen; Patente können überwertet sein; hoch zu Buch stehende Einrichtungen sind veraltet, oder neue Einrichtungen gänzlich abgeschrieben worden usw. Über all diese Punkte ein richtiges Urteil zu gewinnen, ist ganz unmöglich; selbst die Zurückverfolgung der Entwicklung, die die betreffende Gesellschaft im Laufe einer Reihe von Jahren genommen hat, läßt manche Fehlerquelle offen. Dazu kommt noch der verschiedene Gesichtspunkt, von dem der Schätzende ausgeht: ob er das Verhältnis des Gesamtvermögens zum Aktienkapital, wie es in vollem Betrieb erscheint, im Auge hat, oder ob er an die Quote denkt, die im Falle einer Auflösung der Gesellschaft aus dem vorhandenen Vermögen in bar zu erzielen ist[30].«

Trotz der Schwierigkeit, die wirkliche Vermögenssubstanz aus der Bilanz festzustellen, wird dennoch allgemein die Bilanz mit ihrer nur sichtbaren Vermögenssubstanz als Grundlage für die Bemessung des Aktienwertes angesehen

So sagt auch Kovero: »Als auf effektiver Inventur beruhende Vermögensübersichten dienen die Jahresbilanzen zunächst als eine geeignete Grundlage für die Beurteilung der Vermögenslage der Unternehmung[31].«

Das wichtigste bei der kritischen Bewertung der Aktie einer industriellen Unternehmung bleibt stets die finanzielle Lage der Unternehmung. Wenn nun auch die wirkliche Vermögenssubstanz nicht immer aus der Bilanz mit absoluter Sicherheit zu ersehen ist, so gibt dieselbe doch stets ein klares Bild über die Liquidität, d. h. über die qualifizierte Sicherheit der Unternehmung .Nicht jede sichere Unternehmung ist liquide, aber jede liquide Unternehmung ist sicher. Letzteres ist eine Unternehmung schon dann, wenn die vorhandene Vermögenssubstanz die Erfüllung sämtlicher Verbindlichkeiten gewährleistet. Liquid ist die Unternehmung jedoch erst dann, wenn auch die zeitgerechte Erfüllung, d. h. die Erfüllung der Verbindlich-

---

[30] Prion, W., »Die Preisbildung an der Wertpapierbörse«, 1910, Seite 106 u. f.

[31] Kovero, I., »Die Bewertung der Vermögensgegenstände in den Jahresbilanzen der privaten Unternehmungen«, 1912, Seite 31.

keiten im Augenblick ihrer Fälligkeit, durch die vorhandenen Aktiven möglich ist.

Die Liquidität ist also insofern von Bedeutung, als sich aus ihr am ehesten ein Urteil über das Risiko fällen läßt, welches mit dem Erwerb von Aktien einer industriellen Unternehmung stets verknüpft ist. Solange die Liquidität eine gute ist, ist das Risiko ein geringes.

Kommt nun die Vermögenssubstanz bzw. ihre Liquidität, wie zweifellos als feststehend angesehen werden kann, bei der Bewertung einer Aktie in erster Linie in Frage, weil allein sie die Sicherheit für das Aktienkapital gewährleistet, dann muß logischerweise auch bei der Bemessung des Emissionskurses der Aktien auf das Verhältnis der Vermögenssubstanz zum Aktienkapital Rücksicht genommen werden.

Ob und inwieweit jedoch in der Praxis bei der Festsetzung des Emissionskurses auf dieses Verhältnis zwischen Vermögenssubstanz und Aktienkapital, d. h. auf den »inneren Aktienwert« entsprechende Rücksicht genommen wird, soll in folgendem an Hand der dieser Arbeit beigefügten Tabellen untersucht werden.

Für diese Untersuchung ist es notwendig, nicht allein den inneren Aktienwert und die Emissionskurse, sondern gleichzeitig damit auch die letzten, vor der Emission gezahlten Dividenden miteinander zu vergleichen, so daß die folgende Zusammenstellung entsteht[32]:

Innerer Aktienwert	Dividenden						
	5 %	6 %	7 %	8 %	9 %	10 %	11 %
	Emissionskurse						
100—105	—	101	—	125	—	156	—
106—110	183	124	109	136	115	145	—
111—115	—	110	128	140	146	148	—
116—120	130	—	123	146	151	165	—
121—125	92	118	122	133	146	146	189
126—130	—	—	122	165	161	157	—
131—135	—	115	128	140	137	165	140
136—140	—	—	138	—	151	170	—
141—145	—	—	—	164	137	164	182
146—150	—	—	—	—	—	150	—
151—155	—	—	—	—	—	182	—
156—160	—	—	—	136	125	145	—
161—165	—	—	—	—	—	128	—
166—175	—	—	—	—	—	—	—
176—200	—	—	—	—	170	193	—
200—280	—	—	—	—	—	—	—

[32] In dieser Zusammenstellung sind alle Dezimalstellen unter 0,5 fortgelassen und die von 0,5 und darüber auf 1,0 erhöht worden. Wo bei gleichem inneren Aktienwert sich bei verschiedenen Unternehmungen

Innerer Aktienwert	Dividenden						
	12 %	13 %	14 %	15 %	16 %	18 %	20—30 %
	Emissionskurse						
100—105	—	—	—	—	—	—	—
106—110	—	—	—	—	—	—	—
111—115	—	158	—	—	—	—	—
116—120	149	—	180	—	—	—	—
121—125	179	214	155	—	253	202	—
126—130	179	171	210	193	210	—	—
131—135	195	—	221	229	171	—	—
136—140	175	200	157	243	183	—	302
141—145	195	—	172	231	—	—	268
146—150	189	—	—	—	—	—	—
151—155	205	—	220	—	—	—	—
156—160	200	—	—	—	—	—	—
161—165	—	—	234	—	249	—	—
166—175	—	—	—	—	305	—	380
176—200	—	—	—	—	—	—	330
200—280	—	—	—	—	—	—	401

Aus der vorstehenden Zusammenstellung ergibt sich, daß bei der Bemessung der Emissionskurse weder auf den inneren Aktienwert, noch auf die Dividende entsprechende Rücksicht genommen wird.

Man dürfte wohl voraussetzen, daß bei gleichem inneren Aktienwert und gleicher Dividende der Emissionskurs bei den verschiedenen Unternehmungen ebenfalls gleich hoch bemessen würde.

Daraus würde sich dann logisch ergeben, daß ebensowohl bei gleichem inneren Aktienwert und steigender Dividende, als auch bei gleicher Dividende und steigendem inneren Aktienwert, die Emissionskurse entsprechend steigen müßten.

Wie nun die vorstehende Zusammenstellung zeigt, trifft in der Praxis beides nicht zu.

Nur in wenigen Fällen zeigt die Zusammenstellung, daß bei gleichem inneren Aktienwert die Emissionskurse zugleich mit den Dividenden stetig ansteigen. Aber auch in diesen wenigen Fällen erfolgt das Steigen der Emissionskurse nicht proportional den anwachsenden Dividenden, sondern unregelmäßig, was vielleicht auf das besondere Risiko der einzelnen Unternehmung oder auch auf die Konjunktur zur Zeit der Emission zurückgeführt werden könnte, obgleich dies aus der Zusammenstellung nicht ersichtlich ist. In der weitaus größten Mehrzahl der Fälle zeigt die Zusammenstellung jedoch, daß

---

verschiedene Emissionskurse ergaben, sind die Durchschnittswerte der Emissionskurse berechnet und eingesetzt worden.

trotz gleichem inneren Aktienwert die Emissionskurse bei niedriger Dividende höher bemessen werden, als bei höherer Dividende, so daß also entweder in dem einen Falle der Emissionskurs zu hoch oder in dem anderen Falle zu niedrig angesetzt wurde.

Das gleiche trifft auch zu, und zwar in noch ungünstigerem Maße, wenn man untersucht, ob bei gleicher Dividende aber verschieden hohem inneren Aktienwert, die Emissionskurse entsprechend dem höheren inneren Aktienwert regelmäßig ansteigen. Dies zeigt sich in der Zusammenstellung nicht ein einziges Mal. Vielmehr lassen die Emissionskurse trotz gleicher Dividende bei den verschiedenen Aktienwerten nicht nur ein sprunghaftes Verhalten, sondern meistens auch ein ganz unberechtigtes Steigen oder Fallen erkennen.

Es ergibt sich hieraus also die Schlußfolgerung, daß in der Praxis bei der Bemessung der Emissionskurse der »innere Aktienwert« keine entscheidende Bedeutung hat.

Die Richtigkeit dieser Schlußfolgerung wird auch noch durch einen anderen Umstand erwiesen.

Der Kurswert einer Aktie beruht nicht nur auf der Vermögenssubstanz, sondern auch auf dem Ertrage der Unternehmung. Von diesen beiden Faktoren ist der Wert der Vermögenssubstanz jedenfalls vorhanden, so daß der Käufer der Aktie kein Risiko für sein Kapital eingeht, wenn er die Aktie zu einem Kurse erwirbt, welcher ihrem »inneren Aktienwert« entspricht.

Da der Käufer der Aktie jedoch sein Kapital nicht zinslos anlegen, vielmehr dasselbe mindestens zu dem landesüblichen Zinsfuße verzinsen will, kann er auf den »inneren Aktienwert« keine Rücksicht nehmen, wenn das Erträgnis der Unternehmung dieser Verzinsung nicht entspricht. Dies ist so zu verstehen, daß der Aktienkäufer den »inneren Aktienwert« nur bis zu derjenigen Höhe bezahlen will, bei welcher die von der Unternehmung gezahlte Dividende den von ihm bezahlten Kaufpreis für die Aktie noch angemessen verzinst.

Hieraus ergibt sich folgerichtig, daß der Emissionskurs in allen denjenigen Fällen niedriger als der »innere Aktienwert« sein muß, in welchen die industrielle Unternehmung keine oder keine genügend hohe Dividenden auszahlen kann.

Gleicherweise wird man selbst bei zeitig genügender Dividende auf den »inneren Aktienwert« bei der Bemessung des Emissionskurses keine Rücksicht nehmen, sondern nur einen entsprechend niedrigeren Emissionskurs annehmen können, wenn die Erreichung einer zufriedenstellenden Rente für die Zukunft nicht genügend gesichert erscheint.

Gerade auf diesen Punkt pflegt die öffentliche Handelspresse bei neuen Aktienemissionen öfters aufmerksam zu machen, und dadurch auf eine der Sachlage angemessene Kursfestsetzung hinzuwirken [33].

Auch in den hier beigefügten Tabellen sind 21 Aktienunternehmungen aufgeführt, bei welchen der Emissionskurs niedriger ist, als der innere Aktienwert. Das sind 11 % der Gesamtzahl.

Die Gründe für die niedrigere Bemessung des Emissionskurses dürften bei den einzelnen Unternehmungen verschieden sein, sich jedoch meistens aus nicht genügenden Dividenden, schwankenden Schicksalen in der Vorgeschichte einzelner Unternehmungen, nicht genügenden Abschreibungen in den Bilanzen, ungünstiger Liquidität, Mißtrauen in die für die betreffende Unternehmung in Frage kommende partielle Konjunktur usw. erklären lassen.

Umsatz, Reingewinn, Dividenden und Emissionskurs.

Den wesentlichsten Maßstab für die Bewertung der industriellen Aktienunternehmung bieten die zur Verteilung gekommenen Dividenden. Da jedoch die Dividenden von dem erzielten Reingewinn abhängig sind, und dieser wiederum durch die Organisation der Unternehmung und ihren Umsatz bedingt

---

[33] Als ein Beispiel hierfür sei hier aus einer Notiz der Neuen Börsen-Zeitung vom 24. 5. 1910, (abgedruckt im »Das Archiv«, Sammelwochenschrift für Zeitungsnachrichten über Wertpapiere, Jahrgang 1910, Bd. I, Seite 1300) betreffend die Einführung der Aktien einer industriellen Unternehmung an der Berliner Börse, folgender Passus wiedergegeben:

»Es wird wiederum auf ein den letzten Jahren ähnliches Resultat gerechnet. Anscheinend will man den jetzigen Augenblick, welcher eine geringe Steigerung des Umsatzes gebracht hat, nachdem die letzten Jahre eine Minderung gezeitigt hatten, dazu benutzen, die Aktien der Berliner Börse zuzuführen.

Die Verhältnisse des Unternehmens erscheinen durch und durch ungesund. Zunächst sind die Abschreibungen lächerlich niedrig bemessen. Sie betragen auf dem Maschinen-Konto nur 5 % des Buchwertes. Ferner sind für insgesamt 1 359 372 Mk. Anlagewerte nur 491 145 Mk. Abschreibungen vorgesehen. Es dürfte keinem Zweifel unterliegen, daß die Anlagewerte den Buchwert nicht repräsentieren. Die Debitoren und Kreditoren halten sich ungefähr das Gleichgewicht. Die Mittel zur Zahlung der 9 % Dividende waren jedenfalls in greifbaren Mitteln nicht vorhanden.

Ob die Börse an diesem Papiere noch Freude erleben wird, möchten wir bezweifeln.

wird, erscheint es angebracht, zu untersuchen, ob und welche Regelmäßigkeiten sich aus dem Verhältnis zwischen Umsatz, Reingewinn und Dividenden bei der Bemessung des Emissionskurses ergeben.

Diese Untersuchung wird im besonderen dann zu einem Ergebnis führen müssen, wenn für sie ein einzelner Produktionszweig von größerer Bedeutung herangezogen wird, denn nur innerhalb eines und desselben Produktionszweiges können sich Gleichmäßigkeiten hinsichtlich der Organisation, des Umsatzes und des prozentualen Reingewinns ergeben.

Was zunächst den Umsatz anbetrifft, so ist dieser bis zu einem gewissen Grade eine willkürliche Größe, insofern eine jede industrielle Unternehmung in der Lage ist, durch entsprechende Maßnahmen, z. B. Verbilligung ihrer Verkaufspreise, geeignete Reklame usw., den Umsatz ihrer Erzeugnisse zu steigern. Eine Grenze findet die Steigerung des Umsatzes erst dann, wenn der Grenznutzen für die Unternehmung erreicht ist, d. h. wenn die weitere Steigerung des Umsatzes nicht mehr zur relativen Verbilligung des Betriebes führt.

Anders ist es dagegen mit dem Reingewinn. Dieser läßt sich nicht willkürlich gestalten; er ist vielmehr einerseits abhängig von den unbedingt notwendigen Produktions- und Vertriebskosten und andererseits von den auf dem Markte zu erzielenden Verkaufspreisen. Diese regeln sich jedoch unabhängig von dem Willen der Unternehmung durch die vorhandene Nachfrage und das auch seitens der Konkurrenz vorliegende Angebot. Nur in einem begrenzten Grade kann die industrielle Unternehmung durch Differenzierung ihrer Produktionsmethoden und ihrer Verkaufsorganisation den Reingewinn prozentual erhöhen, indem sie ihre Produktions- und Verkaufskosten bei gleichbleibendem Umsatz herabmindert oder den Umsatz dem Grenznutzen annähert.

Es ergibt sich hieraus, daß man bei Unternehmungen desselben Produktionszweiges aus einem Vergleich der Umsatzziffern und der erzielten Reingewinne einen Schluß auf die bessere oder schlechtere Organisation und die Verwaltung der einzelnen Unternehmung ziehen kann.

Im allgemeinen würde ein höherer Emissionskurs für die Aktien derjenigen Unternehmung nicht unberechtigt erscheinen, deren Verwaltung es verstanden hat, während einer Reihe von Jahren aus kleinen Umsätzen größere Reingewinne zu erzielen, während der umgekehrte Fall, d. h. kleine Reingewinne bei großen Umsätzen, zu Bedenken Veranlassung geben könnten. Diese Bedenken würden vornehmlich dadurch begründet sein, daß es sehr schwierig ist, einen großen Umsatz dauernd auf der Höhe zu erhalten, und daß auch die Verkaufspreise eine Einbuße erleiden müssen, wenn die Nachfrage nachläßt und damit auch der Umsatz sinkt. Sinkt aber der Umsatz, dann kann bei niedrigem prozentualen Gewinn leicht der Fall eintreten, daß der erzielte Überschuß zur Deckung der Unkosten nicht mehr ausreicht.

Allerdings ist nicht außer acht zu lassen, daß große Gewinne bei kleinen Umsätzen erfahrungsgemäß sehr starken Schwankungen ausgesetzt sind, und daß der Einfluß rückgängiger Konjunkturen auf den Gewinn um so stärker in die Erscheinung tritt, je kleiner der dem Gewinn zugrunde liegende Umsatz ist.

Es liegt nun nahe, zu untersuchen, ob die Emissionskurse der industriellen Unternehmungen eine gewisse Regelmäßigkeit zeigen, wenn man unter Bezugnahme auf die Emissionskurse die Umsätze und die Reingewinne der einzelnen Unternehmungen miteinander vergleicht. Eine derartige Untersuchung kann zudem noch eingehender vorgenommen werden, wenn man auch noch die verteilten Dividenden berücksichtigt und von der Voraussetzung ausgeht, daß die Stabilität der Dividenden eine Gewähr bietet für eine geordnete Organisation und gesunde Marktverhältnisse der betreffenden Unternehmung.

Diese Voraussetzung ist auch mehrfach in der Literatur vertreten. So sagt z. B. Wolff[34]:

»Es ist naheliegend, daß die Dividende und der Kurs der Aktien solcher Unternehmungen mit längere Zeit gleichbleibendem oder ähnlichem Erträgnis nicht nur, ähnlich wie bei Obligationen, auf die Stabilität des eigenen Kurses wirken — vielfach wird er, wie die Beispiele zeigen, sogar ein Steigen zur Folge haben, hervorgerufen durch steigende Nachfrage infolge des wachsenden Vertrauens — sondern, daß der Kurs solcher auch vorbildlich, ja, maßgebend ist für den Kurs der Aktien anderer Unternehmungen, insbesondere auch für den Emissionskurs neuauszugebender Aktien. Es ist stets damit zu rechnen, daß der Geld anlegende Kapitalist nicht mehr Geld ausgibt zur Erwerbung der Aktien neuer, ihm noch unbekannter Unternehmungen, als er ausgeben muß zur Anlage in bekannten Wertpapieren mit gleichmäßigem Ergebnis. Je mehr das Erträgnis schwankt oder unbekannt ist, desto weniger Nachfrage wird vorhanden sein. Der Emissionskurs wird demgemäß auch im allgemeinen etwas hinter dem Kurs der Aktien von Unternehmungen bleiben müssen, deren Stand und Erträgnisse bereits bekannt sind, und die zwar gleiches Erträgnis, jedoch Stabilität bewiesen haben.«

Es scheint jedoch, je eingehender man die vorliegenden Resultate einer Reihe von Aktienemissionen industrieller Unternehmungen untersucht, umsomehr das Ergebnis in den Vorder-

---

[34] Wolff, Emil, »Die Praxis der Finanzierung«, 1905, S. 160 u. f.

grund zu treten, daß bei den meisten Emissionen weniger die inneren Verhältnisse der einzelnen Unternehmung bestimmend sind, als die zeitige Lage des Geldmarktes und die geschickte Mache der betreffenden Emittenten.

Einen Beweis hierfür erbringen die dieser Arbeit beigefügten Tabellen, wenngleich dieselben für die vorliegende Untersuchung nicht lückenlos sind, weil es bei der Zusammenstellung der Tabellen nicht möglich war, die Rubrik »durchschnittlicher Jahresumsatz« in allen Fällen auszufüllen.

In einer Anzahl von Emissionsprospekten waren nämlich die Umsätze nicht angegeben.

Da jedoch in einzelnen Prospekten und Geschäftsberichten der Jahresumsatz wenigstens der Quantität nach angegeben war, ließen sich mehrere dieser übriggebliebenen Lücken noch in der Weise ausfüllen, daß die Durchschnittswarenpreise der betreffenden Jahre ermittelt, und vermittelst derselben der Wert des Jahresumsatzes annähernd geschätzt wurde.

In allen denjenigen Fällen, in welchen auch dieser Weg nicht gangbar war, wurden die betreffenden Aktiengesellschaften, unter Mitteilung des rein wissenschaftlichen Zweckes, direkt um Bekanntgabe der noch fehlenden Umsatzziffer gebeten.

Trotzdem es sich hierbei nur um eine Durchschnittsziffer aus drei Jahren, und meistens um eine bereits ein Jahrzehnt zurückliegende Zeitperiode handelte, hat noch nicht einmal der dritte Teil der angefragten Firmen dieser Bitte entsprochen. Die weitaus größere Anzahl der Firmen lehnte die Auskunfterteilung aus »prinzipiellen Gründen« bzw. »zwecks Wahrung des Geschäftsgeheimnisses gegenüber der Konkurrenz« ab[35].

---

[35] Im Hinblick auf die Weigerung zahlreicher Aktiengesellschaften ihre Umsatzziffern bekannt zu geben, sei hier der Schluß eines Artikels »Börsen-Zulassung« angeführt, welcher in den Monatsheften für Finanz- und Bankwesen »Die Bank«, II. Band, Jahrgang 1911, Seite 854, erschienen ist.

Dagegen hat die Zulassungsstelle durchaus richtig gehandelt, indem sie die Zulassung der . . . . Aktien verweigert hat, weil die Gesellschaft die Jahresumsätze anzugeben unterließ. Das Börsengesetz gibt der Zulassungsstelle auf, dafür zu sorgen, daß das Publikum über alle zur Beurteilung der zu emittierenden Wertpapiere notwendigen tatsächlichen und rechtlichen Verhältnisse soweit als möglich informiert wird, und bei Unvollständigkeit der Angaben die Emission nicht zuzulassen. Die Jahresumsätze, die ein Unternehmen erzielt, gehören aber zu den allerwichtigsten Daten, die es dem öffentlichen Urteil zur Verfügung stellen kann, und deshalb muß man auf ihrer Mitteilung in den Prospekten bestehen. Die Gesellschaften wissen auch recht gut, daß die Kritik aus dem Verhältnis von Umsatzbewegung zu Gewinn, Dividende usw. wertvolle Schlüsse ziehen kann, und weigern sich oft gerade deshalb, die Umsätze bekanntzugeben. Den beliebtesten Vor-

Nach welcher Richtung hin man nun in den Tabellen das Verhältnis von Umsatz, Reingewinn, Dividenden und Emissionskurs zueinander untersuchen mag, immer findet man, daß eine auf dieses Verhältnis zurückzuführende Regelmäßigkeit nicht besteht. In sehr vielen Fällen zeigt sich vielmehr, daß die Emissionskurse bei Unternehmungen mit ungünstigeren Verhältnissen höher bemessen wurden als bei besser gestellten Unternehmungen, und daß daher eine reelle Rücksichtnahme auf die inneren Verhältnisse der betreffenden einzelnen Unternehmung nicht stattgefunden haben kann.

So sind z. B. diejenigen industriellen Unternehmungen sehr zahlreich, welche in dem letzten Jahre vor der Emission 7%, 8% und 10% Dividende verteilt haben; es sind zusammen 94 Firmen, d. h. rund 50% der in den Tabellen aufgeführten 191 Firmen.

Vergleicht man bei diesen 94 Firmen das Verhalten der Emissionskurse, wenn die Dividenden der letzten drei Jahre vor der Emission stabil, fallend oder steigend waren, dann ergibt sich folgendes Bild:

Durchschnittliche Emissionskurse

	bei stabilen,	fallenden,	steigenden Dividenden
7% (22 Firmen)	117,—	130,10	129,65
8% (30 „)	134,25	137,85	151,40
10% (42 „)	164,25	159,65	159,10

Aus dieser Zusammenstellung ergibt sich zunächst, daß die Stabilität der Dividenden keinen nennenswerten Einfluß auf die Emissionskurse ausgeübt hat. In 52 von den 94 Fällen waren die durchschnittlichen Emissionskurse bei fallenden Dividenden sogar höher als bei stabilen Dividenden, d. h. diejenigen Firmen, welche eine günstige Vorgeschichte aufzuweisen und

---

wand bildet dabei der Hinweis auf die Konkurrenz. Dieser Vorwand ist indes so lendenlahm wie möglich, denn die Konkurrenz pflegt von großen Betrieben noch weit mehr und weit wichtigeres zu wissen als die Umsätze.

Aber selbst da, wo der Hinweis gerechtfertigt sein könnte, darf er für die Zulassungsstelle nicht maßgebend sein. Gehören die Umsätze eines Unternehmens zu seinen Geschäftsgeheimnissen, die unter keinen Umständen preisgegeben werden dürfen, so muß es eben in einer anderen juristischen Form als der einer Aktiengesellschaft betrieben werden, die nun einmal eine gewisse Publizität bedingt und das Unternehmen zwingt, u. a. auch über seine Gewinne, Abschreibungen und dergl. öffentlich Auskunft zu geben . . . . . . Man kann doch nicht gut die Umsätze eines Unternehmens für nebensächlich erklären, wenn man sieht, wie wichtig sie dem Unternehmen selbst sind, und wie ängstlich dieses daher bestrebt ist, sie geheimzuhalten.

früher höhere Dividenden verteilt hatten, wurden im allgemeinen besser gewertet als die Firmen mit einem ruhigen, gleichmäßigen Geschäftsgange.

Dieses günstige Beurteilen der Vorgeschichte der betreffenden Unternehmungen zeigt sich noch deutlicher, wenn man die Unternehmungen mit fallenden und mit steigenden Dividenden miteinander vergleicht. Hier sind es sogar 64 von 94 Firmen, deren Emissionskurse trotz **fallender** Dividenden im Durchschnitt höher bemessen wurden, als die durchschnittlichen Emissionskurse der Firmen mit steigenden Dividenden.

Die Hoffnung auf ein Wiederaufblühen der zur Zeit der Emission noch im Rückgange befindlichen Firmen ist also im allgemeinen mehr zum Ausdruck gekommen, als das Vertrauen auf die weiter fortschreitende Entwicklung der zur Zeit der Emission im Aufstiege begriffenen Firmen.

Dieses an und für sich widersinnige Verhalten der gewerbsmäßigen Spekulation und der breiten Masse des Publikums, welche beide ja schließlich auf die Bildung des Emissionskurses von Einfluß sind, läßt sich nur psychologisch erklären.

Es ist eine Tatsache, welche auch durch die hier beigefügten Tabellen bestätigt wird, daß mit der Emission der Aktien meistens dann vorgegangen wird, wenn das letztabgelaufene Geschäftsjahr ein günstiges Resultat ergeben hat.

So zeigen die Tabellen, daß der Reingewinn des letzten Geschäftsjahres bei 148 von 191 Firmen, also bei rund 78 % der Firmen, **höher** war, als der Durchschnitt des Reingewinnes der letzten drei Jahre; bei weiteren 9 Firmen war er dem Durchschnitte gleich[36], und nur bei 34 Firmen, also bei nur rund 18 % der Firmen war der Reingewinn des letzten Jahres niedriger als im Durchschnitt der letzten drei Jahre.

Entnimmt man hieraus die vorerwähnte psychologische Deutung für das Verhalten der gewerbsmäßigen Spekulation und des Publikums, dann erklärt sich die günstigere Beurteilung der Unternehmungen mit fallenden Dividenden dadurch, daß die Spekulation und das Publikum in dem letzten günstigen Jahresabschlusse eine Gewähr für das Wiederaufblühen der betreffenden Unternehmung erblicken und den kritischen Rückgang, in welchem sich die Unternehmung in den Vorjahren befand, für beendet ansehen. Andererseits halten die Spekulation und das Publikum bei Unternehmungen mit steigenden Dividenden das letzte günstige Jahresresultat für den Höhepunkt des für die Unternehmung Erreichbaren, oder sie wollen wenigstens erst die weitere Entwicklung der Unternehmung abwarten, ehe sie ihr mehr Vertrauen entgegenbringen.

---

[36] Hierunter sind die neuerrichteten Unternehmungen, welche gleich nach Ablauf des Sperrjahres ihre Aktien zur Emission brachten.

Daß in der Praxis das Verhältnis des Reingewinnes zu dem Umsatze bei der Bemessung des Emissionskurses so gut wie gar nicht beachtet wird, und daß selbst auf die effektive Rentabilität weniger Wert gelegt wird, als auf die Höhe der scheinbaren Rentabilität, d. h. auf die Höhe der zur Auszahlung kommenden Dividenden, zeigt auch die folgende Zusammenstellung aus den beigefügten Tabellen.

Bei den in den Tabellen aufgeführten Firmen betrugen:

Reingewinn (Prozent des Umsatzes) %	Durchschnittliche Dividende %	Durchschnittlicher Emissionskurs	Effektive Rentabilität %
5—10	9	151,—	6
11—15	9	148,—	6
16—20	15	202,—	7,3
über 20	20	265,—	7

In welchem Maße die zur Verteilung gekommenen Dividenden auf die Höhe des Emissionskurses einwirken, ergibt die folgende Zusammenstellung, welche auch gewisse Regelmäßigkeiten aufweist:

Verteilte Dividende %	Emissionskurs (gewogener Durchschnitt)	Effektive Rentabilität %
5	159,—	3,15
6	121,31	4,95
7	121,50	5,76
8	149,10	5,37
9	145,46	6,19
10	171,53	5,83
11	178,24	6,17
12	178,90	6,71
13	175,78	7,40
14	190,98	7,33
15	218,63	6,86
16	245,60	6,51
17—20	315,71	5,86
21—30	362,79	7,03

Da der Erwerb von Aktien mit hohem Agio ein entsprechend großes Kapitalrisiko bedeutet, sollte man annehmen können, daß diesem größeren Risiko auch eine höhere Risikoprämie entspräche, welche in der effektiven Rentabilität zum Ausdruck kommen müßte. Diese Annahme wird indessen durch die vorstehende Zusammenstellung nicht bekräftigt. Es zeigt sich vielmehr, daß die Höhe der verteilten Dividenden auf die Bemessung der Emissionskurse einen sehr viel stärkeren Einfluß ausübt als die Rücksicht auf die durch Dividende und

Emissionskurs bestimmte effektive Rentabilität. Statt des
a priori anzunehmenden kontinuierlichen Ansteigens der effektiven Rentabilität bei steigenden Emissionskursen weist diese
eine ziemlich unregelmäßige Bewegung auf, ja gelegentlich
schlägt sie statt der erwarteten steigenden Bewegung geradezu
eine sinkende Bewegung ein. In der vorstehenden Zusammenstellung ist die höchste effektive Rentabilität bei der mittleren Dividende von 13 %. (Der mittlere Durchschnitt von 5 bis
20 % liegt bei $12^{1/2}$ %.)

Zieht man aus allem vorstehenden die Schlußfolgerung, so
ergibt sich also, daß bei der Bemessung der Emissionskurse diejenigen inneren Verhältnisse der Unternehmung, welche ihren
äußeren Ausdruck in Umsatz und Reingewinn finden, wenig
oder gar nicht berücksichtigt werden. Für die Bemessung des
Emissionskurses sind vielmehr die geschickte Benützung des
günstigen Geschäftsresultates des letzten Jahres und die bisher
zur Verteilung gebrachten Dividenden von ausschlaggebender
Bedeutung.

Emissionskurs und Emissionsbanken.

Die Emissionstätigkeit wird in neuerer Zeit vorwiegend von
den Großbanken ausgeübt und nur verhältnismäßig sehr selten
kommt noch eine Emission von Aktien einer industriellen Unternehmung ohne die Vermittlung einer Bank auf den Geldmarkt.
Die Ursache für dieses Ausscheiden der Gründer einer industriellen Aktienunternehmung aus dem Emissionsgeschäfte und
auch für den langsamen Rückzug der kleineren Bankfirmen von
der Emissionstätigkeit dürfte darin zu sehen sein, daß das Publikum den bekannten Großbanken mehr Vertrauen entgegenbringt, als ihm unbekannten Personen und kleineren Bankiers.

Schon die Tatsache allein, daß eine Großbank eine industrielle Unternehmung durch die Emission der Aktien derselben
mit ihrem Namen deckt, weckt das Vertrauen zu der Unternehmung selbst. Selbst der Umstand, daß manche der durch
Vermittlung einer Großbank an der Börse eingeführten industriellen Unternehmungen später einen ungünstigen Verlauf
nehmen, kann dieses an sich berechtigte Vertrauen nicht erschüttern.

Es liegt von vornherein im Interesse der Großbanken selbst,
nur die Aktien solcher industriellen Unternehmungen zu emittieren, welche ihnen nach ihrer eigenen sorgfältigen Prüfung der
Unternehmung als besonders lebenskräftig und entwicklungsfähig erscheinen, denn es handelt sich für die Bank bei der
Emission nicht allein um die Erzielung eines Emissionsgewinnes,
sondern auch um die Erhaltung ihres Ansehens auf dem Geldmarkte.

Für das Publikum ist diese Emissionstätigkeit der Großbanken nur von Vorteil, da es durch dieselbe davor bewahrt wird, Aktien minderwertiger Unternehmungen zu einem zu hohen Kurse anzukaufen.

Daß allerdings auch die Vorsicht der Großbanken nicht immer davor schützt, Aktien von industriellen Unternehmungen an der Börse einzuführen, welche später große Kursverluste im Gefolge haben, zeigt der gesunkene Kursstand der Aktien einzelner Unternehmungen. Andererseits zeigt sich aber auch, daß die Entwicklung mancher industriellen Unternehmungen selbst von den Großbanken zu niedrig eingeschätzt wurde und eine günstigere als erwartet gewesen ist.

Einen Beweis hierfür gibt die folgende Zusammenstellung, welche den Verlauf der Kurse in Perioden von je fünf Jahren zur Darstellung bringt. Diese Trennung in zwei Perioden ist deshalb gewählt, weil ein Emissionshaus nicht gut die zukünftige Entwicklung einer Unternehmung auf eine lange Reihe von Jahren vorauszusehen vermag. Auch fünf Jahre sind schon in bezug hierauf ein reichlich langer Zeitraum. Ganz besonders muß aber darauf hingewiesen werden, daß gerade im Jahre 1907 und besonders gegen Ende desselben ein Rückgang der Konjunktur einsetzte, welcher fast alle Kurse zum weichen brachte. Andererseits wieder war das Jahr 1912 ein solches der Hochkonjunktur.

Banken	1903—1907			1908—1912		
	Anzahl der Emissionen	Durchschnittlicher Emissionskurs	Durchschnittlicher Börsenkurs am 31. 12. 07	Anzahl der Emissionen	Durchschnittlicher Emissionskurs	Durchschnittlicher Börsenkurs am 31. 12. 12
Großbanken-Konsortien	16	168,90	162,—	11	153,10	144,50
Bank für Handel und Industrie	3	235,75	209,10	1	234,—	301,—
Berliner Handelsgesellschaft	3	171,20	166,80	6	170,70	179,70
S. Bleichröder	2	173,—	165,—	2	156,50	168,—
Kommerz- und Diskontobank	3	204,55	193,50	3	208,50	217,10
Deutsche Bank	4	147,90	158,90	15	187,80	201,40
Direktion der Diskonto-Gesellschaft	5	157,60	149,30	6	193,70	159,80
Dresdner Bank	8	208,20	171,40	4	224,—	188,15
Nationalbank für Deutschland	1	110,—	121,—	2	201,75	231,—
Schaaffhausenscher Bankverein	6	162,80	138,60	2	144,—	146,70
Mitteldtsch. Kreditbank	—	—	—	3	162,70	186,70
Größere Privatbankiers	26	146,09	135,44	21	172,29	158,22
Privatbankiers	23	149,78	137,70	15	145,67	130,58
	100			91		

In welchem erheblichen Maße sich eine industrielle Unternehmung im Laufe der Jahre aus kleinen Anfängen heraus zu einem großindustriellen Werke entwickeln kann, dessen jetzige Größe nicht vorausgeahnt werden konnte, zeigen die bekannten Firmen Krupp, Siemens & Halske, Allgemeine Elektrizitäts-Gesellschaft und eine Reihe anderer bedeutender Firmen mehr.

Aber auch bei den industriellen Unternehmungen mittlerer Größe findet man häufig eine Entwicklung, welche es sehr schwer macht den Emissionskurs dem jeweiligen inneren Werte der Unternehmung richtig anzupassen.

Als ein Beispiel hierfür, welches insofern typisch wirkt, als die Unternehmung sich aus kleinen Anfängen heraus entwickelt hat und auch nicht von ungünstigen Geschäftsresultaten verschont geblieben ist, sei hier der »Bremer Vulkan« angeführt, dessen Aktien am 1. Mai 1912 zum Kurse von 162,25 an der Berliner Börse eingeführt und am 31. Dezember 1912 zum Kurse von 156,25 notiert wurden.

Die Unternehmung wurde am 23. Oktober 1893 mit einem Aktienkapital von nur 300 000 Mk. errichtet. Im Jahre 1912 betrug das Aktienkapital bereits 10 000 000 Mk. und der Reservefonds 1 632 013 Mk., mithin 16,32 % des Aktienkapitals. Abschreibungen waren im Laufe der Jahre 5 082 789 Mk. erfolgt und an Dividenden waren 7 276 950 Mk. ausgezahlt worden.

Die finanzielle Entwicklung im einzelnen ergibt sich aus der folgenden Zusammenstellung, welche dem Geschäftsberichte für 1912 des Bremer Vulkan entnommen ist.

(Siehe Tabelle auf Seite 46.)

Betrachtet man nun die Emissionstätigkeit der Banken genauer und sucht man besonders das Interesse festzustellen, welches sie an der Emission von Aktien industrieller Unternehmungen haben, so findet man zunächst, daß dieses Interesse einmal in dem Gewinn aus der Emission selbst liegt.

Dann aber, und in fast noch höherem Maße ist es das Interesse, welches die Banken an einer engen Verbindung mit der Industrie haben. Durch diese Verbindung erlangen die Banken einerseits eine wertvolle, leistungsfähige Großkundschaft, deren Bankgeschäfte sie besorgen, andererseits sind sie infolge ihrer genauen Kenntnis der Verhältnisse der betreffenden industriellen Unternehmungen, in deren Verwaltung sie meistens vertreten sind, in der Lage, den Aktienkurs der Unternehmungen zu regulieren und dadurch auch für ihre Privatkundschaft vorteilhaft zu spekulieren.

Auch Jeidels zeigt das große Interesse, welches die Banken außer an der Emissionstätigkeit selbst, an einer engeren Geschäftsverbindung mit den betreffenden Unternehmungen haben. So schreibt er:

Jahr	Abschrei- bungen Mk.	Dividenden Mk.	%	Bei einem Aktien- kapital von Mk.
1893 23. Okt. bis 31. Dez. (Gründungs- jahr)	2 000,—	3 450	6	300 000
1894	4 575,32	63 000	21	
1895	23 248,23	108 000	9	1 200 000
1896	36 534,25	150 000	10	1 500 000
1897	66 796,35	200 000	10	2 000 000
1898	131 714,—	240 000	12	
1899	147 988,99	300 000	12	2 500 000
1900	173 646,99	420 000	12	3 000 000 12 Monat 1 000 000 6 „
1901	249 858,79	480 000	12	4 000 000
1902	248 520,74	540 000	9	
1903	312 177,32	—	—	6 000 000
1904	310 932,19	360 000	6	
1905	314 248,07	600 000	10	
1906	311 349,32	750 000	10	
1907	423 392,20	750 000	10	
1908	286 914,67	—	—	7 500 000
1909	306 975,97	—	—	
1910	380 535,18	562 500	7,5	
1911	545 865,97	750 000	10	
1912	805 514,59	1 000 000	10	10 000 000
	5 082 789,14	7 276 950	176,2	

»Als Mittel zur Erlangung dauernder Geschäftsverbindung, ist das Emissionsgeschäft verschieden zu beurteilen. Handelt es sich bei einer Aktienübernahme um ein sehr umfangreiches, für die Bank riskantes Geschäft, so können die Beziehungen zwischen dem Bankhaus und dem Unternehmen sofort sehr enge werden; in den Vertrag, der der Übernahme zugrunde liegt, läßt sich dann leicht eine Bestimmung aufnehmen, wodurch die Gesellschaft sich zu dauerndem Geschäftsverkehr mit dem führenden Emissionshaus verpflichtet; auch können sich Besetzungen von Aufsichtsratsstellen an solche Transaktionen anschließen [37].«

Und ferner:

»Die Rentabilität spielt für die Banken, die nicht Aktionäre sind, keine große Rolle: geht es den Unternehmungen schlecht, müssen sie Kredite in Anspruch nehmen, ohne daß eine Erholung aussichtslos ist, so kann das bis zu einem gewissen Grade für die Banken ein sehr gutes Geschäft sein; geht

---

[37] Jeidels, O., »Verhältnis der Großbanken zur Industrie«, 1913, Seite 128.

es ihnen gut, so sind die Umsätze höher, Kredite, nur mit größerer Sicherheit und zu Erweiterungen, statt zur Deckung von Unterbilanzen, werden auch dann in Anspruch genommen, Kapitalerhöhungen, Erweiterungen durch Fusionen und ähnliche gewinnbringende Transaktionen stehen in Aussicht. Während ungünstig arbeitende Gesellschaften die Macht der Bank über die Industrie verstärken, ist bei erfolgreichen Unternehmungen mit größerer Sicherheit und, einen längeren Zeitraum betrachtet, auch mehr zu verdienen, und da es — vorübergehende, taktisch begründete Fälle ausgenommen — gerade den Großbanken wesentlich hierauf ankommt, kann man unbedingt annehmen, daß es ihnen allgemein lieber ist, mit guten Gesellschaften zu arbeiten[38].«

Aus dem vorstehenden erklärt es sich auch, daß die von den Großbanken festgesetzten ersten Emissionskurse im allgemeinen dem inneren Werte der betreffenden industriellen Unternehmungen richtig angepaßt sind. Erst mit dem Beginn des Verkaufes der Aktien an der Börse treten verschiedene Umstände hinzu, welche einen Einfluß auf das Höhergehen dieses von den Banken festgesetzten Emissionskurses ausüben.

Betrachtet man die Emissionskurse in den dieser Arbeit beigefügten Tabellen, dann lassen sich aus denselben mancherlei Schlüsse auch auf das Verhalten der Banken bei der Emission von Aktien industrieller Unternehmungen ziehen.

Zunächst ergibt sich, daß das System früherer Jahre die zu emittierenden Aktien »zur Zeichnung aufzulegen«, in neuerer Zeit nicht mehr so ausgiebig zur Anwendung kommt. Vielfach wird die »freie Einführung« der Aktien vorgezogen.

Der Grund hierfür liegt hauptsächlich in dem Umstande, daß bei Aktienemissionen industrieller Unternehmungen sehr häufig eine so starke Nachfrage sich zeigt, daß hierdurch der in Aussicht genommene Emissionskurs wesentlich in die Höhe getrieben wird. Inwieweit hieran ein geschicktes Verhalten der betreffenden Emissionsbanken mit beteiligt ist, kann hier außer acht bleiben. Es liegt jedoch nahe, daß die Banken die Möglichkeit eines größeren Emissionsgewinnes, welcher sich ihnen durch das Anziehen der Kurse bietet, ausnützen wollen, und daß sie aus diesem Grunde die »Einführung« der betreffenden Aktien an Stelle der »Subskription mit festem Zeichnungskurs« vorziehen.

Da der Verdienst der Banken an der Emission aus der Differenz besteht, welche sich aus dem Emissionskurse und dem Kurse ergibt, zu welchem sie selbst die Aktien zwecks Emission von der industriellen Unternehmung übernommen

---

[38] Jeidels, O., »Verhältnis der Großbanken zur Industrie«, 1913, Seite 163 u. 164.

haben, wächst dieser Verdienst, je höher sich der Emissionskurs stellt. An sich läge es also im Interesse der Banken, einen möglichst hohen Emissionskurs anzusetzen. Dem steht jedoch die Gefahr des Mißlingens der Emission gegenüber, wenn der Emissionskurs zu sehr in die Höhe geschraubt wird, und besonders dann, wenn er höher angesetzt ist, als sich der zeitige Kurs von Aktien anderer gleichwertiger Unternehmungen stellt, welche dem Publikum schon seit längerem bekannt sind. Auch würde das Vertrauen des Publikums zu dem betreffenden Bankhause gefährdet sein, wenn dasselbe Aktien zu einem übermäßig hohen Kurse einführt, welcher durch die Geschäftsresultate der Unternehmung in den kommenden Jahren nicht gerechtfertigt wird[39].«

Auch Schmalenbach spricht sich hierüber wie folgt aus: »Das Subskriptionsverfahren hat für die Emissionsbank insofern eine Schattenseite, als sie nicht immer die vorhandenen Chancen voll ausnutzen kann. Setzt sie den Zeichnungspreis niedrig an, so wird sie zwar die ganze Operation schnell beendigen und das ganze Effektenquantum leichter mit einem Schlage absetzen, aber dafür entgeht ihr auch möglicher Gewinn. Setzt sie dagegen den Zeichnungspreis zu hoch, dann wird sie die Effekten nicht mit einem Schlage los und bleibt auf denselben sitzen; den Rest muß sie dann allmählich abstoßen. Man sollte nun annehmen, dieser letzte Fall brauchte für die Bank nicht gefährlich zu sein, aber die öffentliche Anschauung geht nun einmal dahin, daß eine solche, nicht vollkommen gelungene Subskription ein Mißerfolg sei, und diese Anschauung genügt, sie zu einem wirklichen Mißerfolg zu machen. Das Publikum wird diesen Effekten gegenüber alsdann schwierig und die Kurse weichen. Diese Gründe bestimmen die Banken, lieber auf den möglichen Gewinn zu verzichten, und die Zeichnungspreise relativ niedrig zu setzen. Es ist dabei zu berücksichtigen, daß, wenn die Emission in der Tat mehrere Male überzeichnet wird, ein solches Ereignis künftige Emissionen derselben Bank und desselben Papiers sehr erleichtert. Um den möglichen Gewinn auch wirklich zu erzielen, ziehen, besonders in neuerer Zeit, viele Emissionshäuser die »Einführung« dem Subskriptionsverfahren vor[40].«

Wie sich das Verhältnis der Emissionen mit »Zeichnungskurs« zu denjenigen mit »freihändiger Einführung« stellt, zeigt die folgende Zusammenstellung aus den dieser Arbeit beigefügten Tabellen.

---

[39] Siehe Emil Wolff, »Die Praxis der Finanzierung«, 1905, S. 62.
[40] Schmalenbach, E., »Die Methoden der Emissionstechnik« (in der Zeitschrift für handelswissenschaftliche Forschung, 2. Jahrgang 1907/08, Seite 90).

Emissions-jahr	Anzahl der Emissionen	Davon		Prozentsatz der zur Zeichnung aufgelegten Emissionen %	Differenz zwischen Zeichnungskurs und erstem Börsenkurs		Durchschnittliche Kursdifferenz
		zur Zeichnung aufgelegt	freihändig eingeführt		niedrigste	höchste	
1903	14	10	4	70	1	16,50	5,59
1904	23	6	17	25	3	17,—	7,25
1905	25	2	23	8	1,25	25,—	13,13
1906	32	5	27	15	1,25	32,50	10,45
1907	6	1	5	17	—	7,50	7,50
1908	11	—	11	—	—	—	—
1909	24	6	18	25	0,50	15,—	7,17
1910	18	—	18	—	—	—	—
1911	13	2	11	15	8,—	18,50	13,25
1912	25	6	19	24	0,50	30,—	3,25

Aus der vorstehenden Zusammenstellung gehen gleichzeitig auch die sehr erheblichen Differenzen hervor, welche vielfach durch die Nachfrage zwischen dem »Zeichnungskurse« und dem »ersten Börsenkurse« hervorgerufen werden. Es dürfte daher angezeigt sein, zu betrachten, wie sich die Rentabilität der Aktien auf Grund des ersten Börsenkurses stellt, wenn man hierbei auch den jeweiligen Reichsbank-Diskontsatz mit berücksichtigt.

Man sollte annehmen, daß bei einer jeden Emission der Emissionskurs so niedrig angesetzt wird, daß die tatsächliche Rentabilität der Aktien auf Grund des Emissionskurses sich, wenn auch nur um ein weniges, höher stellt als der jeweilige landesübliche Zinsfuß beträgt. Anderenfalls würde der Erwerb von mündelsicheren Werten, welche eine feste Rente zum landesüblichen Zinsfuße bringen, vorteilhafter sein, als ein solcher von Aktien einer industriellen Unternehmung. Nun spielt allerdings die Hoffnung auf eine zukünftige bessere Rente bei dem Erwerbe von Industrieaktien eine große Rolle, so daß mitunter Aktien einer industriellen Unternehmung selbst dann als festes Anlagepapier willig vom Publikum aufgenommen werden, wenn der Ankaufskurs eine niedrigere Rente bedingt, als der jeweilige landesübliche Zinsfuß bringt.

Es zeigt sich indessen aus den dieser Arbeit beigefügten Tabellen, daß in einzelnen Fällen der Emissionskurs sogar so hoch bemessen wird, daß die tatsächliche Rentabilität auf Grund des Emissionskurses auch nicht den jeweiligen Reichsbank-Diskontsatz erreicht. Dies erscheint insofern beachtenswert, als sich damit der Käufer der betreffenden Aktien der Chance begibt, sein zur Anlage freies Kapital vorteilhafter im Diskontgeschäft zu verwerten.

Die folgende Zusammenstellung aus den dieser Arbeit beigefügten Tabellen läßt dies genauer erkennen. Es betrugen:

Emissions-jahr	Diskontsatz niedrigster %	Diskontsatz höchster %	Diskontsatz durchschnittlicher %	Rentabilität auf Grund des Emissionskurses niedrigste %	Rentabilität auf Grund des Emissionskurses höchste %	Rentabilität im gewogenen Durchschn. aller Emissionen %
1903	3,50	4,—	3,84	4,31	8,25	6,02
1904	4,—	5,—	4,22	4,12	7,10	5,64
1905	3,—	6,—	3,82	3,52	7,38	5,25
1906	4,50	7,—	5,15	4,66	7,77	5,74
1907	5,50	7,50	6,03	2,74	8,41	3,98
1908	4,—	7,50	4,76	6,75	9,60	8,01
1909	3,50	5,—	3,93	5,19	8,62	6,36
1910	4,—	5,—	4,35	5,17	8,06	6,21
1911	4,—	5,—	4,43	4,30	6,25	5,31
1912	5,—	6,—	4,75	4,50	7,25	5,89

Es war also in dem Jahre 1907 der niedrigste Diskontsatz höher als die auf Grund des Emissionskurses sich ergebende niedrigste Rentabilität der betreffenden Industrieaktien, und auch höher als ihre Rentabilität im angegebenen Durchschnitt aller Emissionen dieses Jahres. Auch im Jahre 1912 war der niedrigste Diskontsatz höher als die niedrigste Rentabilität auf Grund des Emissionskurses der betreffenden Aktien. Da es sich hierbei jedoch nur um insgesamt 4 Emissionen von insgesamt 191 Emissionen handelt, darf man diese vier Fälle als Ausnahmen ansehen, welche nur eine sich aus den »Tabellen« ergebende Schlußfolgerung bestätigen würden. Diese Schlußfolgerung würde derart lauten, daß die in der Praxis vorkommenden Emissionskurse mit ganz vereinzelten Ausnahmen eine Rentabilität der betreffenden Industrieaktie zulassen, welche höher als der jeweilige Diskontsatz ist.

Daß diese Schlußfolgerung besonders bei den Emissionen der Großbanken zutrifft, ist nach dem schon weiter oben gesagten selbstverständlich. In den meisten Fällen zeigt sich sogar, daß die von den Großbanken angesetzten Emissionskurse eine Rentabilität der betreffenden Industrieaktien zulassen, welche stets und öfter sogar sehr erheblich den landesüblichen Zinsfuß sowie den jeweiligen Diskontsatz überragt.

Hieraus erklärt es sich auch, daß der Emissionskurs der von den Großbanken »zur Zeichnung« aufgelegten Aktien von industriellen Unternehmungen oft gleich am ersten Börsentage wesentlich in die Höhe geht, so daß sich eine erhebliche Differenz zwischen dem von der Bank bemessenen Emissionskurse und dem ersten Börsenkurse ergibt.

Diese Differenz bedeutet jedoch nichts anderes, als daß die Emissionsbank den Emissionskurs dem inneren Werte der Unternehmung angemessen angesetzt hat, und daß erst die gewerbsmäßige Spekulation, sowie das durch diese animierte Publikum, den Kurs der Aktien über ihren inneren Wert hinaus in die Höhe treibt.

Zieht man aus den hier beigefügten Tabellen diejenigen Emissionen heraus, welche mit einem festen Zeichnungskurs von Großbanken zur Subskription aufgelegt wurden, so erhält man folgende Zusammenstellung:

Emissionsbank	Emissionsjahr	Durchschnittlicher Reichsbankdiskontsatz %	Emissionskurs zur Zeichnung aufgelegt	erster Börsenkurs	Rentabilität auf Grund des ersten Börsenkurses %
Nationalbank f. Deutschland u. Schaaffhausenscher Bankverein	1903	3,84	140,—	152,50	7,21
Berliner Handelsgesellschaft und Schaaffhausenscher Bankverein	1904	4,22	122,—	125,—	5,60
Berliner Handelsgesellschaft, Nationalbank f. Deutschland, Delbrück Leo & Co., Hardy & Co.	1904	4,22	135,—	152,—	5,26
Schaaffhausensch. Bankverein	1904	4,22	135,—	138,—	5,80
Nationalbank f. Deutschland	1905	3,82	110,—	111,25	5,38
Direktion der Diskontogesellschaft	1905	3,82	165,—	190,—	6,40
Deutsche Bank, Dresdner Bank, Schaaffhausenscher Bankverein	1906	5,15	185,—	189,—	5,29
Schaaffhausensch. Bankverein	1906	5,15	160,—	161,50	6,19
Direktion der Diskontogesellschaft	1909	3,93	157,50	169,—	8,62
Berliner Handelsgesellschaft	1909	3,93	144,—	145,—	6,90
Deutsche Bank, Schaaffhausensch. Bankverein	1909	3,93	125,—	140,—	5,71
Schaaffhausensch. Bankverein	1909	3,93	122,50	123,—	5,69
Kommerz- und Diskontobank	1911	4,43	152,—	170,50	5,28
Berliner Handelsgesellschaft	1912	4,75	220,—	223,—	6,28
Berliner Handelsgesellschaft	1912	4,75	147,—	158,—	6,33
Berliner Handelsgesellschaft	1912	4,75	180,—	183,—	6,56
Mitteldeutsche Kreditbank	1912	4,75	130,—	132,—	5,30

Wenn man berücksichtigt, daß der landesübliche Zinsfuß für erstklassige Rentenwerte in Deutschland etwa $4^{1}/_{4}\%$ beträgt, dann ergibt sich aus der vorstehenden Zusammenstellung, daß die Emissionskurse der Großbanken in allen Fällen diesen Zinsfuß im Minimum um mehr als 1% überschreiten, und vielfach sogar eine wesentliche höhere Rentabilität bringen.

Ob die Großbanken bei der Festsetzung der Emissionskurse von Aktien industrieller Unternehmungen irgendwelche stets wiederkehrende Grundsätze befolgen, läßt sich aus der vorstehenden Zusammenstellung nicht mit Sicherheit entnehmen, weil dieselbe für eine derartige Untersuchung nicht genügendes Material bietet.

Es ergibt sich jedoch aus der Zusammenstellung, daß die »Direktion der Diskonto-Gesellschaft« und die »Berliner Handelsgesellschaft« bei den von ihnen »zur Zeichnung aufgelegten« Emissionen die Emissionskurse besonders niedrig festgesetzt haben. Dies geht daraus hervor, daß die Rentabilität auf Grund des ersten Börsenkurses, trotzdem derselbe sich mehrfach erheblich höher als der Zeichnungskurs stellte, eine günstigere Ziffer aufweist, als die Rentabilität der Emissionen bei den anderen Banken; aber auch die Emission der Nationalbank für Deutschland in Verbindung mit dem Schaaffhausenschen Bankverein zeigt eine recht günstige Rentabilitätsziffer.

Meistens ist es Usance bei den Großbanken, den Emissionskurs nach dem Ertrage der betreffenden industriellen Unternehmung zu bemessen. Es geschieht dies in der Art, daß durch Vergleich der Erträgnisse und der Kurse einer Reihe bereits notierter Aktien von industriellen Unternehmungen ähnlicher Art der durchschnittliche Zinsfuß für die Kapitalisierung gefunden wird. Von dem auf diese Weise ermittelten Kurse wird alsdann ein gewisser Abstrich gemacht, um den Zeichnern bzw. Käufern der zu emittierenden Aktien eine Chance zu bieten.

Dieser Abstrich ist naturgemäß bei älteren, bereits bekannteren industriellen Unternehmungen ein geringerer als bei jüngeren, erst in den letzten Jahren gegründeten Unternehmungen, für deren andauernd günstige Entwicklung noch nicht genügend Anhaltspunkte vorliegen. Es ist daher, besonders bei den Aktienemissionen von jüngeren industriellen Unternehmungen, ferner Usance, für die Festsetzung der Emissionskurse außer dem Ertrage der Unternehmungen auch die zeitige Liquidität derselben mit in Betracht zu ziehen.

Jedenfalls zeigt die vorstehende Zusammenstellung deutlich das Bestreben der Großbanken, die Emissionskurse von Aktien industrieller Unternehmungen so niedrig anzusetzen, daß sie gegenüber dem landesüblichen Zinsfuße und dem jeweiligen Diskontsatze eine angemessene Verzinsung des für die emittierten Industrieaktien aufgewendeten Kaufpreises bieten.

Zusammenfassung der Hauptergebnisse.

1. Die Neugründung von Aktiengesellschaften ist von großer Bedeutung für die Volkswirtschaft, von geringer Bedeutung für das Publikum, d. h. für das Anlage suchende Privatkapital.

2. Umgekehrt ist die Emission von Aktien einer Aktiengesellschaft, insbesondere die Höhe des Emissionskurses, von großer Bedeutung für das Publikum und von geringer Bedeutung für die Volkswirtschaft.

3. Bei der Umwandlung von industriellen Unternehmungen in eine Aktiengesellschaft ist es meistens der Brauch, das Aktienkapital auf etwa 78 % bzw. auf etwa 74 % bis 84 % der vorhandenen Vermögenssubstanz zu bemessen. Wesentlich niedrigere oder höhere Bemessungen bilden die Ausnahmen.

4. Das mehr oder minder große Risiko der einzelnen industriellen Unternehmung pflegt bei der Bemessung des Emissionskurses nicht berücksichtigt zu werden.

5. Das Verhältnis zwischen Aktienkapital und Obligationenkapital übt insofern einen Einfluß auf den Emissionskurs aus, als die anscheinend größere Rentabilität der mit einer Obligationsschuld belasteten Aktiengesellschaften in vielen Fällen dazu verleitet, den Emissionskurs höher zu bemessen, als er nach der effektiven Rentabilität des gesamten, in der Unternehmung werbend angelegten Kapitals berechtigt wäre.

6. Die Konjunktur des Geldmarktes bzw. die Höhe des Diskontsatzes ist von wesentlichem Einfluß auf die Anzahl der Emissionen und auf die Emissionskurse.

7. In der Praxis ist bei der Bemessung des Emissionskurses der »innere Aktienwert« nicht von entscheidender Bedeutung.

8. Das Verhältnis zwischen Umsatz und Reingewinn wird bei der Bemessung des Emissionskurses wenig beachtet. Von erheblichem Einfluß sind dagegen die bisher zur Verteilung gekommenen Dividenden.

9. Die Emission der Aktien industrieller Unternehmungen geschieht in neuerer Zeit vornehmlich durch die Großbanken. Die von diesen angesetzten Emissionskurse entsprechen meistens dem inneren Werte der betreffenden industriellen Unternehmungen und gewähren eine höhere Verzinsung des für die Aktien bezahlten Kaufpreises, als aus dem landesüblichen Zinsfuße von Rentenwerten oder dem Diskontgeschäft zu erzielen wäre. Da die gewerbsmäßige Spekulation meistens die Emissionskurse der Großbanken in die Höhe treibt, nützen in neuerer Zeit die Emissionsbanken diesen Umstand häufiger auch für sich dadurch aus, daß sie die zu emittierenden Aktien, anstatt zu einem festen »Zeichnungskurse« aufzulegen, freihändig an der Börse »einführen«.

Tabellen.
Erläuterung zu denselben.

1. Das Obligationenkapital bezeichnet den Betrag der noch zu amortisierenden Obligationsanleihen zur Zeit der Emission.

2. Die sichtbare Vermögenssubstanz bezeichnet den Gesamtbetrag der greifbaren Aktiven, wie sich derselbe aus der letzten Bilanz vor der Aktienemission ergibt, abzüglich der wirklichen Passiven (Gläubigerforderungen aller Art).

3. Die Liquidationsreserve kennzeichnet den Überschuß der sichtbaren Vermögenssubstanz über das Aktienkapital, in Prozenten der Vermögenssubstanz ausgedrückt.

4. Der innere Aktienwert bezeichnet den Kurswert der Aktien, wenn ausschließlich das Verhältnis zwischen sichtbarer Vermögenssubstanz und Aktienkapital in Betracht kommt.

5. Umsatz, Reingewinn und Dividenden beziehen sich auf die letzten Jahre unmittelbar vor der Aktienemission.

6. Die Aktien derjenigen Firmen, bei welchen kein Zeichnungs-Emissionskurs angegeben ist, sind freihändig eingeführt.

Laufende Nr.	Datum der Emission	Firma der industriellen Unternehmung (Börsenname)	Produktionszweig	Jahr der Gründung	Aktienkapital Mk.	Obligationenkapital Mk.	Sichtbare Vermögenssubstanz Mk.	Liquidationsreserve %	Innerer Aktienwert
	1903	Durchschnittlicher Reichsbank-Diskontsatz 3,84%							
1	11. Februar	Tafelglasfabriken Fürth	Glas	1899	1 700 000	—	1 941 913	12,4	114,3
2	20. „	Bayrische Hartsteinindustrie	Basaltsteine	1901	1 000 000	—	1 142 195	12,4	114,2
3	25. „	Aktiengesellschaft für Bürstenindustrie	Bürsten	1893	1 250 000	—	1 550 801	19,4	124,1
4	5. März	Chemische Fabrik Hönningen	Chemische Produkte	1900	1 750 000	—	2 358 559	25,8	134,8
5	18. „	Gebrüder Krüger & Co.	Bierdruckapparate	1900	1 000 000	—	1 132 910	11,7	113,3
6	8. April	Vereinigte Kunstinstute Troitsch	Kunstdrucke	1899	1 100 000	—	1 377 729	20,1	125,2
7	14. „	Lübecker Maschinenbaugesellschaft	Maschinen, Bagger	1873	1 000 000	80 000	1 408 526	29,0	140,9
8	27. „	Rheinische Möbelstoffweberei	Möbelstoffe	1900	1 000 000	—	1 120 983	10,7	112,1
9	2. Mai	Reichelt, Metallschrauben	Metallschrauben	1900	2 100 000	—	2 385 990	12,0	113,6
10	7. „	Duxer Porzellanmanufaktur	Porzellanwaren	1897	1 000 000	—	1 107 902	9,7	110,8
11	23. Juni	Bamberger Mälzerei	Mälzerei	1897	1 000 000	—	1 168 549	14,4	116,9
12	16. Oktober	Carl Schöning, Eisengießerei	Maschinen	1900	1 500 000	—	1 650 910	9,1	110,1
13	30. „	R. W. Dinnendahl	Maschinen	1900	1 200 000	—	1 515 055	20,8	126,3
14	5. Dezember	Westfälische Drahtwerke Langendreer	Draht	1897	2 400 000	440 000	2 622 881	8,5	109,3
	1904	Durchschnittlicher Reichsbank-Diskontsatz 4,22%							
15	19. Januar	Norddeutsche Spritwerke	Sprit	1889	2 000 000	610 000	3 173 794	37,0	158,7
16	22. „	Eisengießerei Velbert	Metallwaren	1899	1 000 000	—	1 112 649	10,1	111,3
17	5. April	W. Hageiberg	Papier	1897	3 200 000	—	3 634 956	12,0	113,6
18	14. „	Deutsche Bierbrauerei	Brauerei	1903	4 000 000	1 500 000	5 909 140	32,3	147,7
19	23. „	Ludwig Wessel, Porzellan	Porzellanwaren	1888	2 625 000	1 448 000	3 817 404	10,4	122,6
20	28. „	Tittel & Krüger	Wollgarne	1887	5 000 000	1 260 000	6 200 264	19,4	124,0
21	10. Mai	Triptis, Aktiengesellschaft	Porzellanwaren	1896	1 000 000	—	1 165 192	14,3	116,5
22	21. „	Rheinisch-Westfälische Sprengstoff	Sprengstoffe, Munition	1886	5 000 000	—	6 783 239	26,3	135,7
23	3. Juni	Schedewitz, Kammgarnspinnerei	Spinnerei	1899	2 400 000	1 600 000	3 022 103	20,1	125,9
24	23. „	Luckau & Steffen	Metallschrauben	1898	1 200 000	—	1 363 824	12,0	113,7
25	27. „	Herkulesbrauerei, Kassel	Brauerei	1897	2 000 000	—	2 785 736	28,2	139,3
26	16. Juli	Wiesloch, Tonwaren	Falzziegel	1900	1 000 000	—	1 000 348	0,0	100,0
27	3. August	J. Frerichs & Co.	Schiffe, Maschinen	1898	1 000 000	—	1 090 736	8,1	109,1
28	17. September	Deutsche Linoleum- und Wachstuch	Linoleum	1882	2 700 000	1 200 000	3 533 414	23,6	130,9
29	20. „	Rütgerswerke	Imprägnierungsstoffe	1898	9 000 000	3 000 000	10 100 292	10,9	112,2
30	23. „	Vereinigte Chemische Werke	Chemische Produkte	1900	3 000 000	—	3 533 465	15,1	117,8
31	2. November	Norddeutsche Trikot Sprick	Trikotweberei	1903	1 000 000	—	1 230 224	18,7	123,0
32	10. „	Balcke, Tellering & Cie.	Metallröhren	1899	2 250 000	420 000	3 200 550	29,7	142,2
33	17. „	Gebrüder Körting	Maschinen	1903	13 000 000	4 500 000	14 136 956	8,0	108,7
34	21. „	C. Blumwe & Sohn	Maschinen	1897	1 000 000	—	1 116 589	10,4	111,7
35	19. Dezember	Schoeller, Eitorf	Spinnerei	1901	2 500 000	—	3 053 774	18,1	122,2
36	20. „	Vereinigte Harzer Portland	Zement, Kalk	1899	2 700 000	1 680 000	6 429 702	13,2	115,2
37	23. „	Sächsisch-Böhmische Portland	Zement	1898	2 625 000	—	2 858 583	8,2	108,9
	1905	Durchschnittlicher Reichsbank-Diskontsatz 3,82%							
38	13. Januar	Malmedie & Co.	Maschinen	1898	1 300 000	—	1 460 725	11,0	112,4
39	17. „	Chemische Fabrik von Heyden	Chemische Produkte	1899	5 000 000	4 000 000	6 429 702	22,2	128,6
40	19. „	Telephon J. Berliner	Elektrotechnische Apparate	1899	2 000 000	—	2 314 760	13,6	115,7
41	11. März	Wittener Stahlröhren	Metallröhren	1896	1 500 000	—	1 670 895	10,2	111,4
42	13. „	Sächsische Kartonagen	Maschinen	1896	1 050 000	—	1 351 077	22,3	128,7
43	6. April	Wandererwerke	Fahrräder, Schreibmaschinen	1896	1 600 000	—	2 752 543	41,9	172,0
44	12. „	Planiawerke	Elektrotechnische Kohlenfabrikate	1896	2 000 000	—	2 441 587	18,1	122,1

Umsatz im Durchschnitt der letzten drei Jahre Mk.	Reingewinn im Durchschnitt der letzten drei Jahre Mk.	Reingewinn des letzten Jahres Mk.	Dividenden (anscheinende Rentabilität) der letzten drei Jahre %		%	Emissionskurs zur Zeichnung aufgelegt	erster Börsenkurs (bzw. Einführungskurs)	Rentabilität auf Grund des ersten Börsenkurses %	Bemerkungen
1 397 359	165 490	160 940	8	8	6½	117,50	119,10	5,46	
651 156	112 163	132 865	—	7½	10	132,50	136,—	7,35	
1 257 499	168 694	163 000	9	8	8	—	122,50	6,53	Gleichzeitig Emission neuer Aktien 250 000 Mk.
1 412 000	301 926	347 147	10	11	11	140,—	152,50	7,21	Gleichzeitig Emission neuer Aktien 650 000 Mk.
824 333	95 682	96 448	8	8	8	125,—	128,75	6,26	
1 100 000	236 552	235 615	19	18	18	201,50	218,—	8,25	
?	156 405	115 191	15	15	9	—	127,50	7,06	Umsatz nicht bekannt. — Gleichzeitig Emission neuer Aktien 100 000 Mk.
1 008 694	92 874	105 782	8	6	8	115,—	121,—	6,61	
?	198 153	181 215	11	6	7	—	140,—	5,—	Umsatz nicht bekannt.
509 487	85 662	84 616	9	8	8	115,50	120,—	6,23	
1 214 200	117 044	126 941	10	9	9	—	134,—	6,71	Der Umsatz ist schätzungsweise berechnet. — Der durchschnittliche Reingewinn bezieht sich auf 2 Jahre.
1 299 000	143 913	116 585	10	8	6	118,—	121,50	4,94	
806 665	99 360	100 816	6	6½	6½	111,50	114,50	5,68	
5 497 078	132 933	285 151	0	5	9	115,—	116,—	4,31	
8 485 471	212 152	248 319	8	8	8	—	154,—	5,20	
767 650	82 670	98 087	5	5	7½	116,—	119,—	6,30	
?	324 259	338 931	8	7	8	—	147,50	5,43	Umsatz nicht bekannt.
2 457 884	559 137	559 137	—	—	10	—	150,—	6,67	Der Umsatz ist schätzungsweise berechnet. — Der durchschnittliche Reingewinn bezieht sich auf 1 Jahr.
3 450 000	214 834	262 335	4½	4½	7	—	111,—	6,30	
?	222 219	299 546	—	6½	6	—	118,—	5,08	Umsatz nicht bekannt.
933 773	117 498	130 105	8	8	9	—	165,—	5,45	Der durchschnittliche Reingewinn bezieht sich auf 2 Jahre.
4 747 379	749 178	768 829	10	8¼	10	—	180,50	5,54	Umsatz nicht bekannt.
?	414 504	359 789	6	12	9	—	152,—	5,92	Umsatz nicht bekannt.
?	70 078	112 769	3	3½	7	—	118,—	5,92	Der Umsatz ist schätzungsweise berechnet. — Der durchschnittliche Reingewinn bezieht sich auf 2 Jahre.
1 368 484	263 250	298 411	7½	10	10	—	169,75	5,90	
504 046	48 449	91 739	—	5	7½	125,—	135,50	6,—	
751 850	110 276	156 320	8	7	10	—	140,75	7,10	
?	216 953	317 268	—	—	7	125,—	132,-	5,30	Umsatz nicht bekannt. — Der durchschnittliche Reingewinn bezieht sich auf 2 Jahre. — Gleichzeitig Emission neuer Aktien 300 000 Mk.
?	579 009	813 434	6	6	7	122,—	125,—	5,60	Umsatz nicht bekannt.
?	373 233	441 082	9	11	12	—	186,75	6,43	Umsatz nicht bekannt.
?	115 112	138 168	—	—	10	—	145,25	6,88	Umsatz nicht bekannt. — Der durchschnittliche Reingewinn bezieht sich auf 2 Jahre.
5 282 385	260 866	386 049	6	6	10	—	155,—	6,46	Gleichzeitig Emission neuer Aktien 2 000 000 Mk.
?	1 516 180	1 136 957	—	—	8	135,—	152,—	5,26	Umsatz nicht bekannt. — Gleichzeitig Emission neuer Aktien 3 000 000 Mk.
?	58 545	74 214	4	5	6½	—	112,50	5,78	Umsatz nicht bekannt.
?	303 603	319 665	6	8	8	135,—	138,—	5,80	Umsatz nicht bekannt.
1 446 525	206 084	273 986	4	5	7	—	125,—	5,73	Der Umsatz ist schätzungsweise berechnet.
1 405 242	114 235	209 033	—	2	6	—	145,50	4,12	
?	111 648	130 602	5	6	6	—	120,—	5,—	Umsatz nicht bekannt.
?	405 479	429 702	6	8	8	—	185,50	4,32	Umsatz nicht bekannt.
?	214 768	266 526	—	6	9	—	154,—	5,85	Umsatz nicht bekannt. — Der durchschnittliche Reingewinn bezieht sich auf 2 Jahre.
?	128 919	160 874	—	—	8	—	227,—	3,52	Umsatz nicht bekannt. — Der durchschnittliche Reingewinn bezieht sich auf 2 Jahre. — Gleichzeitig Emission neuer Aktien 300 000 Mk.
560 780	100 962	111 560	5½	8½	10	—	170,50	5,87	
?	398 400	477 628	16	20	24	—	380,—	6,32	Umsatz nicht bekannt.
922 270	201 216	305 793	4	16⅔	10	—	180,—	5,56	

Laufende Nr.	Datum der Emission	Firma der industriellen Unternehmung (Börsenname)	Produktionszweig	Jahr der Gründung	Aktienkapital Mk.	Obligationenkapital Mk.	Sichtbare Vermögenssubstanz Mk.	Liquidationsreserve %	Innerer Aktienwert
45	20. April	Rheydt Elektrotechnische	Maschinen	1901	1 250 000	—	1 429 040	12,5	114,3
46	26. „	Titels Kunsttöpferei	Tonwaren	1885	800 000	—	1 049 801	23,7	131,2
47	8. Mai	Bernburger Maschinen	Maschinen	1899	1 050 000	426 000	1 436 326	26,9	136,8
48	8. „	Eisenwerk Kraft	Eisen, Stahl usw.	1898	7 000 000	—	7 752 279	9,7	110,7
49	10. „	Kostheimer Cellulose	Cellulose	1885	1 000 000	—	1 398 206	28,5	139,8
50	31. „	Tecklenborg, Schiffswerft	Schiffe, Maschinen	1897	2 500 000	648 000	3 577 534	30,1	143,1
51	7. Juni	Königsberger Zellstoff	Zellstoff	1895	2 250 000	960 000	3 688 889	39,0	164,0
52	15. „	Vereinigte Deutsche Nickelwerke	Bleche, Drähte	1902	9 000 000	—	10 818 795	16,8	120,2
53	15. „	Aktiengesellschaft »Weser«	Schiffe, Maschinen	1872	3 750 000	—	4 332 223	13,4	115,5
54	20. „	Kyffhäuserhütte	Maschinen	1897	1 000 000	500 000	1 780 362	43,8	178,0
55	19. Juli	Hermann Schött	Kunstdrucke	1899	3 000 000	600 000	3 326 753	9,8	110,9
56	1. August	Adlerwerke	Fahrräder	1895	3 000 000	—	5 152 514	41,8	171,8
57	8. „	Gerb- und Farbstoff, Renner	Quebrachoextrakte	1899	3 600 000	—	4 962 678	27,5	137,9
58	23. September	Sarotti Schokoladen	Schokolade, Kakao	1903	2 000 000	—	2 540 337	21,3	127,0
59	2. Oktober	Sprengstoff Carbonit	Sprengstoffe	1890	1 600 000	—	1 848 100	13,4	115,5
60	11. „	Plauener Spitzen	Spitzen, Stickereien	1897	1 000 000	—	1 122 699	10,9	112,3
61	27. November	Schweimer Eisen	Eiserne Fässer	1900	1 500 000	—	2 012 528	25,4	134,2
62	1. Dezember	Lingel, Schuhfabrik	Schuhwaren	1898	3 000 000	—	3 827 535	21,6	127,6
	1906	Durchschnittlicher Reichsbank-Diskontsatz 5,15 %							
63	8. Januar	Vereinigte Thüringer Metall	Metallwaren, Maschinen	1900	1 000 000	—	1 214 542	17,6	121,5
64	8. „	Dommitsch, Tonwerke	Cementwaren usw.	1882	1 000 000	—	1 259 571	20,6	126,0
65	21. Februar	Peipers & Cie.	Gußeiserne Walzen	1903	1 000 000	—	1 152 030	13,0	113,2
66	28. „	Alexanderwerk	Gießerei, Metallwaren	1899	3 500 000	1 000 000	4 033 837	13,7	115,3
67	16. März	Herrmannmühlen	Mühlenprodukte	1899	1 000 000	—	1 095 910	8,7	109,6
68	1. April	H. Stodiek & Co.	Kunstdünger	1902	1 000 000	—	1 295 275	22,8	129,5
69	3. „	Sächsisch-Thüringische Portland-Cement	Cement	1885	2 250 000	1 000 000	2 897 805	22,3	128,8
70	20. „	Vereinigte Lausitzer Glas	Glaswaren	1905	2 000 000	—	2 409 522	17,0	120,5
71	24. „	Bremer Linoleum	Linoleum	1898	2 000 000	900 000	2 541 595	21,3	127,1
72	15. Mai	Glasmanufaktur Schalke	Spiegelglas	1873	3 000 000	—	4 012 456	25,2	133,7
73	16. „	Vereinigte Glanzstoff, Elberfeld	Künstliche Seide	1899	2 500 000	—	6 368 805	60,8	254,8
74	22. „	Finkenberg Portland	Cement	1900	1 000 000	—	1 102 722	9,3	110,3
75	23. „	Bayrische Celluloid	Celluloidwaren	1897	750 000	—	1 018 322	26,3	135,8
76	25. „	Vereinigte Fränkische Schuhfabriken	Schuhwaren	1892	3 250 000	—	4 619 555	29,6	142,1
77	1. Juni	Voigtländer & Sohn, Braunschweig	Optische Instrumente	1898	1 000 000	—	1 275 130	21,6	127,5
78	21. „	Kupferwerke Deutschland	Kupfer und Messing	1897	2 250 000	—	2 570 762	12,5	114,3
79	5. Juli	Felten & Guillaume	Drahtseile, Kabel	1899	51 000 000	20 000 000	65 304 572	21,9	128,0
80	9. „	Dresdener Gasmotoren	Maschinen	1892	2 000 000	450 000	2 868 390	30,2	143,4
81	9. „	Kieler Schloßbrauerei	Brauerei	1891	1 500 000	700 000	2 259 543	33,6	150,6
82	9. „	Rheinisch-Westfälische Cement	Cement	1898	1 200 000	273 000	1 436 961	16,4	119,7
83	14. August	Dürener Metallwerke	Metallwaren	1900	2 500 000	—	3 227 122	22,5	129,1
84	20. „	J. D. Riedel	Chemische Produkte	1905	4 300 000	—	4 823 737	12,2	112,2
85	23. „	Löwenbrauerei Hohen-Schönhausen	Brauerei	1895	1 000 000	1 000 000	1 396 346	28,4	139,6
86	7. September	Eisenwerk L. Meyer jun. & Cie.	Eisengußwaren	1897	1 000 000	—	1 190 454	16,0	119,0
87	2. Oktober	Büchner, Erfurt	Brauerei	1900	2 000 000	—	2 354 171	15,0	117,7
88	9. „	Concordia chemische	Chemische Produkte	1872	2 100 000	—	3 398 324	38,2	161,8
89	12. „	Friedrich Thomée	Metallwaren	1900	1 200 000	—	1 879 175	36,1	156,5
90	19. „	Carlshütte, Altwasser	Maschinen	1890	1 250 000	—	1 566 249	20,2	125,3
91	8. November	H. Wißner, Metall	Fahrradarmaturen	1898	1 000 000	—	1 373 758	27,2	137,4
92	3. Dezember	Schönebeck, Metall	Fahrräder	1897	1 000 000	—	1 650 110	39,3	165,0
93	18. „	Humboldtmühle	Mühlenprodukte	1893	1 000 000	—	1 141 958	12,4	114,2
94	20. „	S. Riehm & Söhne	Metallschrauben	1905	1 000 000	—	1 186 641	15,7	118,7

Umsatz im Durchschnitt der letzten drei Jahre Mk.	Reingewinn im Durchschnitt der letzten drei Jahre Mk.	Reingewinn des letzten Jahres Mk.	Dividenden (anscheinende Rentabilität) der letzten drei Jahre			Emissionskurs zur Zeichnung aufgelegt	Emissionskurs erster Börsenkurs (bzw. Einführungskurs)	Rentabilität auf Grund des ersten Börsenkurses %	Bemerkungen
			%	%	%				
?	89 896	122 180	4	5	7	—	154,—	4,54	
621 512	100 113	100 113	—	—	8	—	128,—	6,25	Gleichzeitig Emission neuer Aktien 200 000 Mk. — Der durchschnittliche Reingewinn bezieht sich auf 1 Jahr.
823 653	155 669	145 264	10	10	9	—	122,—	7,38	
2 886 997	587 586	617 279	5	6	8	—	163,—	4,24	Der Umsatz ist schätzungsweise berechnet.
614 298	280 843	347 695	8	8	12	—	188,40	5,56	Gleichzeitig Emission neuer Aktien 250 000 Mk.
?	491 308	387 113	12	12	10	—	173,—	5,78	Umsatz nicht bekannt. — Gleichzeitig Emission neuer Aktien 500 000 Mk.
2 966 700	412 154	504 064	15	15	16	—	296,—	5,37	
3 586 185	937 491	1 026 103	10	8	8	—	185,—	4,87	
?	318 976	232 299	12	8	5	—	130,40	3,83	Umsatz nicht bekannt.
1 223 878	344 626	271 641	45	60	20	—	312,50	6,41	Umsatz nicht bekannt.
?	194 208	208 918	6	5	6	110,—	111,25	5,38	Gleichzeitig Emission neuer Aktien 1 000 000 Mk.
5 087 532	600 753	700 289	10	15	16	—	305,—	5,24	Umsatz nicht bekannt. — Gleichzeitig Emission neuer Aktien 900 000 Mk.
3 776 000	471 415	663 307	12½	12½	12½	165,—	190,—	6,40	
2 450 000	275 658	240 210	—	12	10	—	166,—	6,03	
1 054 000	117 631	137 396	5⅝	6	7½	—	140,—	5,36	
2 151 700	141 212	120 509	12	10	10	—	170,—	5,88	
?	218 197	353 420	10	10	12	—	195,—	6,15	
	494 358	592 535	11	12	15½	—	210,—	7,30	
975 001	143 630	172 138	8	10	12	—	190,50	6,30	
408 773	97 685	122 527	6	8	10	—	140,—	7,14	
450 468	131 698	146 039	—	5	8	—	165,—	4,85	Gleichzeitig Emission neuer Aktien 200 000 Mk. — Der durchschnittliche Reingewinn bezieht sich auf 2 Jahre.
974 998	318 749	358 102	—	6	7	—	132,—	5,30	
232 538	71 893	73 824	8	8	6	—	109,—	5,42	Der Umsatz ist schätzungsweise berechnet.
2 190 433	186 630	242 244	9	9	10	—	165,50	6,04	Gleichzeitig Emission neuer Aktien 300 000 Mk.
456 972	198 192	295 695	5	8	12	—	175,—	0,86	
?	309 956	409 551	8	10	14	—	206,—	5,82	Umsatz nicht bekannt.
?	225 672	352 057	—	6	14	—	206,—	6,80	Umsatz nicht bekannt. — Der durchschnittliche Reingewinn bezieht sich auf 2 Jahre. — Gleichzeitig Emission neuer Aktien 1 000 000 Mk.
?	390 066	503 408	8	10	14	—	221,—	6,33	Umsatz nicht bekannt.
?	1 625 778	1 578 333	20	30	30	—	480,—	6,25	Umsatz nicht bekannt.
886 088	50 683	99 441	—	4	8	—	136,—	5,88	
?	128 966	172 368	10	10	12	—	195,—	6,15	Umsatz nicht bekannt. — Gleichzeitig Emission neuer Aktien 250 000 Mk.
5 550 000	421 028	427 869	9	10	11	—	188,25	5,84	Der Umsatz ist schätzungsweise berechnet.
?	138 360	163 000	7	9	12	—	182,50	6,58	Umsatz nicht bekannt. — Gleichzeitig Emission neuer Aktien 300 000 Mk.
1 954 482	248 430	296 078	3	7	10	—	140,—	7,14	Umsatz und durchschnittlicher Reingewinn beziehen sich auf 2 Jahre.
?	4 292 554	6 197 264	5	8	10	—	185,—	5,41	Umsatz nicht bekannt.
1 735 456	210 907	346 869	8	10	11	—	176,—	6,25	
1 214 332	325 239	400 096	9	9	10	—	182,25	5,49	Gleichzeitig Emission neuer Aktien 500 000 Mk.
533 851	113 885	203 937	3½	7	14	—	180,—	7,22	
1 954 482	465 267	486 697	6	10	10	160,—	161,50	6,19	Gleichzeitig Emission neuer Aktien 500 000 Mk. — Der durchschnittliche Reingewinn bezieht sich auf 2 Jahre.
?	329 022	329 022	—	6	10	185,—	189,—	5,29	Umsatz nicht bekannt. — Der durchschnittl. Reingewinn bezieht sich auf 1 Jahr.
946 400	98 064	121 868	—	6	7	—	150,—	4,66	Der durchschnittliche Reingewinn bezieht sich auf 2 Jahre.
930 290	117 034	145 037	7	8	10	—	170,50	5,87	
998 564	202 137	216 326	4	6½	6½	—	119,—	5,45	
?	251 759	268 720	15	16	16	202,50	235,—	6,81	Umsatz nicht bekannt.
2 490 955	101 662	156 236	2	5	10	—	145,50	6,87	
2 043 140	110 944	106 248	6	6½	6½	—	127,50	5,10	Gleichzeitig Emission neuer Aktien 500 000 Mk.
732 832	221 933	267 412	18	20	20	—	281,—	7,12	
958 500	100 989	170 304	—	—	10	127,50	128,75	7,77	
316 043	59 236	91 136	5	6	7	—	123,—	5,69	Der Umsatz ist schätzungsweise berechnet.
1 063 000	157 386	157 386	—	—	12	156,—	170,—	5,61	Der durchschnittliche Reingewinn bezieht sich auf 1 Jahr.

Laufende Nr.	Datum der Emission	Firma der industriellen Unternehmung (Börsenname)	Produktionszweig	Jahr der Gründung	Aktienkapital Mk.	Obligationenkapital Mk.	Sichtbare Vermögenssubstanz Mk.	Liquidationsreserve %	Innerer Aktienwert
	1907	Durchschnittlicher Reichsbank-Diskontsatz 6,03%							
95	14. Januar	Mannesmann, Röhrenwerke	Metallröhren	1890	22 500 000	8 000 000	24 214 624	7,1	107,6
96	2. April	J. P. Bemberg	Buntweberei	1897	3 750 000	2 900 000	4 516 872	17,0	120,5
97	8. Mai	Leipziger Werkzeugmaschinen	Maschinen	1895	1 200 000	—	1 744 915	31,2	145,4
98	28. „	Maschinen, Baum	Maschinen	1905	3 000 000	—	3 320 220	9,6	110,7
99	27. Juli	Hilgers Verzinkerei	Brücken, Wellblechfabrikate	1888	1 725 000	—	2 411 053	28,5	139,8
100	7. November	Mühle Rüningen	Mühlenprodukte	1899	1 050 000	850 000	1 661 526	36,8	158,2
	1908	Durchschnittlicher Reichsbank-Diskontsatz 4,76%							
101	14. Januar	Oeking, Stahlwerk	Stahlformguß	1897	3 000 000	—	3 278 670	8,5	109,3
102	20. März	Düsseldorfer Röhrenindustrie	Metallröhren	1897	2 700 000	—	3 481 000	22,4	128,9
103	27. April	Franz Seyfferth & Co.	Hochdruckrohre	1905	1 300 000	500 000	1 603 070	18,9	123,3
104	11. Mai	Norddeutsche Gummi	Gummiwaren	1871	1 200 000	—	1 879 569	36,1	156,6
105	14. „	Nitritfabrik	Chemische Produkte	1906	1 000 000	—	1 366 603	26,8	136,7
106	22. Juni	Fröbeln, Zuckerfabrik	Zucker	1905	3 000 000	—	3 537 759	15,2	117,9
107	25. „	Julius Pintsch	Gasapparate	1907	18 000 000	6 500 000	23 188 157	22,4	128,8
108	14. September	Schwanebeck Portland	Cement	1906	1 150 000	700 000	1 422 641	19,1	123,7
109	31. Oktober	Thörls Vereinigte Ölfabriken	Öle	1906	10 500 000	—	13 202 553	20,5	125,7
110	5. November	Badische Anilin Soda	Künstliche Farbstoffe	1865	21 000 000	25 000 000	58 866 453	64,3	280,3
111	9. Dezember	Johs. Girmes & Co.	Maschinen	1904	2 000 000	—	2 625 761	23,8	131,?
	1909	Durchschnittlicher Reichsbank-Diskontsatz 3,93%							
112	21. Januar	G. Sauerbrey, Maschinen	Maschinen	1907	1 750 000	1 000 000	2 355 406	25,7	134,6
113	3. Februar	G. Luther, Maschinen	Maschinen	1898	4 000 000	1 500 000	4 217 352	5,1	105,4
114	10. „	Gildemeister & Co.	Maschinen	1899	1 000 000	—	1 141 688	12,4	114,2
115	11. März	Gebhardt & Co.	Färberei	1906	3 000 000	—	3 465 498	13,4	115,5
116	1. April	W. A. Scholten	Stärke	1906	1 200 000	—	1 389 618	13,6	115,8
117	1. Mai	Hirsch, Kupfer	Kupfer und Messing	1906	8 000 000	—	9 530 261	16,1	119,1
118	5. „	Hermann Löhnert	Maschinen	1899	1 000 000	—	1 104 126	9,4	110,4
119	17. „	Adlerhütten, Glas	Glas	1897	2 000 000	—	2 434 359	17,8	121,7
120	12. Juni	Düsseldorfer Kammgarn	Spinerei	1882	2 000 000	—	2 667 770	25,0	133,4
121	17. „	Tüllfabrik Flöha	Baumwolltülle	1907	5 000 000	—	6 843 303	26,9	136,9
122	22. „	Balcke, Maschinen	Maschinen	1905	1 500 000	—	2 044 536	26,6	136,3
123	22. „	Chemische Industrie Gelsenkirchen	Chemische Produkte	1872	2 000 000	—	2 406 748	16,9	120,3
124	3. Juli	Deutsche Babcock & Wilcox	Dampfkessel	1898	2 000 000	—	3 519 084	43,2	176,0
125	3. „	Dr. Paul Meyer	Elektrotechnische Apparate	1900	1 600 000	—	1 881 726	14,9	117,6
126	13. „	Oenschow & Co.	Munition	1907	1 500 000	—	1 716 815	12,6	114,5
127	22. „	E. Gundlach	Geschäftsbücher usw.	1900	1 300 000	400 000	1 573 976	17,4	121,1
128	12. August	»Mark« Portlandcement	Cement	1899	2 250 000	940 000	3 237 668	30,5	143,9
129	17. „	Ölfabrik Groß-Gerau	Öle	1882	2 500 000	1 000 000	3 156 063	20,8	126,2
130	3. September	Lüdenscheider Metall	Metalwaren	1900	1 800 000	732 000	2 220 249	18,9	123,3
131	14. „	»Porta-Union« Portland	Cement	1889	1 275 000	—	1 716 492	25,7	134,6
132	3. November	Bruchsal, Maschinenfabrik	Maschinen	1890	3 400 000	—	7 173 871	52,6	211,0
133	10. „	E. F. Ohles Erben	Staniol	1907	1 000 000	600 000	1 153 141	13,3	115,3
134	25. „	Plauener Tüll und Gardinen	Tülle und Gardinen	1906	1 250 000	—	1 444 362	13,4	115,5
135	7. Dezember	Kalker Werkzeugmaschinen	Maschinen	1900	3 600 000	—	4 370 196	17,6	121,4
	1910	Durchschnittlicher Reichsbank-Diskontsatz 4,35%							
136	2. Februar	Carl Berg, Eveking	Bleche, Drähte	1906	3 000 000	—	3 559 137	15,7	118,6
137	10. „	Verein chemischer Fabriken, Zeitz	Öle, Dünger	1906	2 000 000	—	2 359 023	15,2	118,0
138	24. „	E. Wunderlich & Co.	Chromo, Kunstdruck	1905	1 150 000	—	1 538 625	25,2	133,8
139	14. März	Carl Lindström	Feinmechanische Apparate	1908	1 250 000	—	1 715 035	27,1	137,2
140	23. „	Gebr. Ritter, Wäschefabrik	Wäsche	1907	1 000 000	—	1 224 273	16,3	122,4

satz im schnitt letzten Jahre Mk.	Reingewinn im Durchschnitt der letzten drei Jahre Mk.	Reingewinn des letzten Jahres Mk.	Dividenden (anscheinende Rentabilität) der letzten drei Jahre %	%	%	Emissionskurs zur Zeichnung aufgelegt	erster Börsenkurs (bzw. Einführungskurs)	Rentabilität auf Grund des ersten Börsenkurses %	Bemerkungen
17 929	1 516 593	1 514 624	—	—	5	175,—	182,50	2,74	Der Umsatz bezieht sich auf 1 Jahr.
14 132	273 500	292 910	5	5	5	—	91,50	5,46	
76 600	294 328	431 688	4	4	20	—	268,—	7,46	Der durchschnittliche Reingewinn bezieht sich auf 1 Jahr.
00 000	320 217	320 217	—	—	8	—	125,—	6,40	
55 347	265 382	388 417	7	10	12	—	142,50	8,41	
05 000	218 739	224 447	7	9	9	—	125,—	7,20	
75 000	257 546	306 516	10	10	8	—	124,75	7.98	
93 722	405 187	586 036	8	12	15	—	156,25	9,60	Gleichzeitig Emission neuer Aktien 1 000 000 Mk.
55 133	157 367	209 299	—	8	10	—	122,50	8,16	
60 000	40 127	118 816	—	—	8	—	118,50	6,75	Der Umsatz bezieht sich auf 1 Jahr.
50 000	290 542	352 165	—	15	16	—	182,50	8,77	
?	389 275	440 331	9	6½	12	—	142,—	8,33	Umsatz nicht bekannt. — Der durchschnittl. Reingewinn bezieht sich auf 2 Jahre.
?	3 388 126	3 388 126	—	—	13	—	171,—	7,15	Umsatz nicht bekannt. — Der Reingewinn bezieht sich auf 1 Jahr.
59 472	238 566	238 566	—	12	14	—	155,25	9,02	Der durchschnittliche Umsatz ist schätzungsweise berechnet. — Die Reingewinne beziehen sich auf 1 Jahr.
80 000	2 384 373	2 384 373	—	12	14	—	173,—	8,09	Der durchschnittliche Umsatz ist schätzungsweise berechnet. — Die Reingewinne beziehen sich auf 1 Jahr.
	12 427 627	13 157 589	27	30	30	—	361,50	8,29	Umsatz nicht bekannt. — Gleichzeitig Emission neuer Aktien 15 000 000 Mk.
89 415	464 200	465 272	11½	16	16	—	171,25	9,31	Umsatz und durchschnittlicher Reingewinn beziehen sich auf 2 Jahre.
86 648	192 725	232 754	—	8	9	—	125,50	7,20	Durchschnittlicher Umsatz und Gewinn beziehen sich auf 2 Jahre.
72 520	272 402	311 068	4	6	—	—	101,—	5,91	Durchschnittlicher Gewinn bezieht sich auf 2 Jahre.
96 000	113 870	113 783	6	8	8	—	115,50	6,92	
51 500	399 257	427 498	—	10	10	—	180,—	5,56	
87 684	149 510	175 991	10	5	10	—	154,—	6,50	
26 336	900 670	1 075 002	8	8	10	—	166,—	6,03	
34 014	112 590	127 066	7	7	7	—	109,—	6,42	
01 323	233 581	241 694	8	9	9	—	140,—	6,16	
69 333	366 996	277 756	4½	6	6	—	115,—	5,19	
58 958	1 194 180	1 636 962	19	20	22	—	306,—	7,19	
15 400	374 381	469 828	6	10	14	157,50	169,—	8,62	Gleichzeitig Emission neuer Aktien 500 000 Mk. — Der durchschnittliche Reingewinn bezieht sich auf 2 Jahre.
?	231 433	264 616	7	8	8	—	125,—	6,20	Umsatz nicht bekannt.
64 453	346 980	543 083	7	8	9	—	170,—	5,29	Gleichzeitig Emission neuer Aktien 1 500 000 Mk.
77 070	149 328	161 167	6½	7	7	—	128,—	5,44	Gleichzeitig Emission neuer Aktien 400 000 Mk.
50 000	202 124	188 893	—	15	13	—	157,50	8,40	Durchschnittlicher Gewinn bezieht sich auf 2 Jahre.
01 332	144 812	160 930	8	8	8	122,—	128,—	6,25	
63 590	455 878	461 837	14	15	14	—	172,—	8,14	Der Umsatz ist schätzungsweise berechnet.
00 000	317 548	452 738	10	10	10	144,—	145,—	6,90	Gleichzeitig Emission neuer Aktien 1 000 000 Mk.
05 698	243 358	253 077	8	8	8	125,—	140,—	5,71	
74 376	132 614	111 672	9	10	8	—	126,—	6,34	
37 219	1 344 588	1 176 090	25	25	25	—	360,—	6,11	Gleichzeitig Emission neuer Aktien 1 600 000 Mk.
12 000	106 794	129 279	6	8	9	140,—	149,—	6,05	
66 800	112 895	161 702	4	6	10	—	151,—	6,62	Gleichzeitig Emission neuer Aktien 250 000
78 976	567 538	529 862	10	7	7	122,50	123,—	5,69	
43 383	347 739	277 311	8	8	8	—	135,—	5,93	
15 760	289 107	266 895	8	8	8	—	145,25	5,51	
34 000	155 495	192 323	12	11	10	—	174,50	5,73	
17 500	308 055	365 034	—	12	15	—	225,—	6,67	
79 243	134 400	172 519	11	8	12	—	165,—	7,27	

Laufende Nr.	Datum der Emission	Firma der industriellen Unternehmung (Börsenname)	Produktionszweig	Jahr der Gründung	Aktienkapital Mk.	Obligationenkapital Mk.	Sichtbare Vermögenssubstanz Mk.	Liquidationsreserve %	Innerer Aktienwert
141	15. April	Rheinische Gerbstoff	Quebrachoextrakte	1906	1 300 000	—	1 653 888	21,4	127,2
142	13. Mai	Vogtländische Tüllfabrik	Tülle und Webstoffe	1906	2 500 000	—	3 446 653	27,5	137,9
143	27. „	Kolb & Schüle, Buntweberei	Garne	1898	1 000 000	360 000	1 454 047	31,2	145,4
144	29. Juni	J. A. John, Aktiengesellschaft	Schornstein-Aufsätze, Maschinen	1902	1 300 000	—	1 725 690	24,6	132,7
145	1. Juli	F. H. Hammersen	Weberei	1900	3 000 000	1 275 000	3 823 604	21,5	127,5
146	16. August	Vereinigte Schmirgel und Maschinen	Maschinen, Schmirgel	1898	4 000 000	1 500 000	5 018 967	20,3	125,5
147	27. „	C. Lorenz	Telefonapparate	1906	1 400 000	—	1 751 546	20,0	125,1
148	6. Oktober	Leipziger Pianoforte, Zimmermann	Musikinstrumente	1895	1 400 000	—	2 034 314	31,1	145,3
149	25. „	David Richter	Maschinen	1907	1 500 000	—	1 951 716	23,1	130,1
150	7. November	C. M. Hutschenreuter, Porzellan	Porzellan	1904	1 850 000	750 000	2 298 810	19,5	124,3
151	23. „	Reisholz, Papierfabrik	Papier	1905	4 200 000	1 500 000	5 550 500	24,3	132,2
152	6. Dezember	Ostdeutsche Holzindustrie	Stühle	1899	1 250 000	500 000	1 472 690	15,1	117,8
153	15. „	Ostelbische Spritwerke	Sprit	1906	1 600 000	—	2 551 292	37,3	159,5
	1911	Durchschnittlicher Reichsbank-Diskontsatz 4,43 %							
154	23. Januar	Gevelsberger Herd und Ofen	Herde, Öfen	1907	1 500 000	—	1 750 220	14,3	116,7
155	6. März	C. Heckmann	Kupferfabrikate	1909	10 000 000	4 000 000	12 338 235	18,9	123,4
156	15. „	Excelsior-Fahrradwerke	Fahrräder	1906	1 650 000	—	2 298 159	28,2	139,3
157	15. „	Schlesische Textilwerke	Leinenweberei	1906	6 250 000	—	7 589 459	17,6	121,4
158	8. April	Hackethal, Draht	Draht, Kabel	1907	2 100 000	—	2 363 983	11,1	112,6
159	2. Mai	R. Frister Aktiengesellschaft	Maschinen	1897	1 800 000	—	2 230 835	19,3	123,9
160	24. „	Filter- und brautechnische Maschinenfabrik	Maschinen	1897	1 500 000	700 000	2 442 000	38,6	162,8
161	31. „	Poppe & Wirth	Linoleum	1910	2 400 000	—	2 120 000	0,8	100,8
162	1. Juli	A. Horch & Cie.	Automobile	1904	1 000 000	—	1 526 427	34,5	152,6
163	14. „	Ernst Engelhardt Nachfolger	Brauerei	1907	1 600 000	—	2 206 402	27,5	137,9
164	21. „	Daimler, Motoren	Maschinen, Automobile	1890	4 889 000	2 700 000	9 236 302	47,1	188,9
165	22. „	Lindes Eismaschinen	Maschinen	1879	7 000 000	1 150 000	10 011 124	30,1	143,0
166	6. Dezember	Boeddinghaus, Reimann & Co.	Weberei, Färberei	1910	2 200 000	—	2 420 000	9,1	110,0
	1912	Durchschnittlicher Reichsbank-Diskontsatz 4,75 %							
167	6. Januar	Hannoversche Waggonfabrik	Eisenbahnwagen	1898	2 000 000	1 650 000	2 588 386	22,7	129,4
168	6. Februar	Franz Rasquin, Farbwerke	Farben usw.	1907	1 500 000	—	1 861 614	19,0	124,1
169	8. „	Rockstroh & Schneider	Maschinen	1900	2 600 000	1 740 000	3 020 340	13,9	114,6
170	21. „	Hermann Pöge, Elektrizitätswerke	Maschinen	1897	2 500 000	425 000	3 081 128	18,9	123,2
171	12. März	Ludwig Hupfeld	Musikinstrumente	1904	3 500 000	1 000 000	5 195 187	32,6	148,4
172	28. „	Hindrichs-Auffermann, Munition	Munition	1908	1 250 000	—	1 677 000	25,5	134,2
173	28. „	Eichener Walzwerk	Metallwaren	1907	1 000 000	—	1 275 886	21,6	127,6
174	22. April	»Silesia« Portlandcement	Cement	1906	2 500 000	—	3 278 644	23,7	131,2
175	1. Mai	Bremer Vulkan	Schiffe, Maschinen	1893	7 500 000	2 125 000	9 536 536	21,4	127,2
176	7. „	August Wegelin, Ruß	Ruß, Teer, Farben	1907	1 300 000	—	1 687 307	22,9	129,8
177	8. „	Erlangen, Baumwollspinnerei	Spinnerei	1880	1 200 000	800 000	1 840 842	34,8	153,4
178	23. „	Franz Méguin & Co.	Gelochte Bleche	1901	2 000 000	—	2 550 677	21,6	127,5
179	28. „	Jülich, Zuckerfabrik	Zucker	1906	1 200 000	—	1 389 640	13,6	115,8
180	11. Juni	Max Jüdel & Co.	Eisenbahnsignale	1900	6 000 000	—	10 687 275	43,9	178,1
181	25. „	Vereinigte Flanschenfabriken	Flanschen	1901	1 500 000	300 000	2 091 800	28,3	139,5
182	27. „	Dittmann-Neuhaus & Gabriel	Achsen und Federn	1910	1 600 000	—	2 040 000	21,6	127,5
183	4. Juli	Deutsche Gußstahlkugel- und Maschinenfabrik	Maschinen, Metallwaren	1896	2 300 000	—	3 270 100	29,7	142,2
184	4. „	O. F. Schäfer, Blech	Blechemballagen	1898	1 000 000	—	1 149 297	13,0	114,9
185	16. „	H. Meinecke	Wassermesser	1898	1 500 000	—	1 982 479	24,3	132,2
186	13. August	Krefelder Stahlwerk	Werkzeugstahl	1900	4 500 000	—	8 217 145	45,2	182,6
187	19. September	Rich. Lindenberg, Stahlwerke	Stahl, Stahlwaren	1906	3 000 000	1 800 000	3 803 774	21,1	126,8
188	26. „	Capito & Klein, Benrath	Bleche	1906	2 000 000	—	2 483 856	19,5	124,2
189	19. Oktober	Harburger Eisen- und Bronzewerke	Metallwaren	1906	3 500 000	—	3 500 000	—	100,0
190	29. „	Emil Köster, Lederfabrik	Leder	1910	1 500 000	—	1 850 970	18,9	123,4
191	5. Dezember	Ernst Schieß, Düsseldorf	Maschinen	1906	3 300 000	—	4 438 575	25,0	134,5

Umsatz im Durchschnitt der letzten drei Jahre Mk.	Reingewinn im Durchschnitt der letzten drei Jahre Mk.	Reingewinn des letzten Jahres Mk.	Dividenden (anscheinende Rentabilität) der letzten drei Jahre %			Emissionskurs		Rentabilität auf Grund des ersten Börsenkurses %	Bemerkungen
						zur Zeichnung auf-gelegt	erster Börsenkurs (bzw. Einführungskurs)		
1 914 000	240 000	243 888	14	14	15	—	236,—	6,35	
1 706 666	423 498	615 321	12	15	15	—	260,—	5,77	
2 138 744	157 052	228 262	9	9	9	—	146,25	6,15	
2 555 000	222 956	247 751	12	10	10	—	154,—	6,49	Gleichzeitig Emission neuer Aktien 350 000 Mk.
5 132 666	435 665	395 553	15	7	10	—	135,—	7,41	Gleichzeitig Emission neuer Aktien 1 500 000 Mk.
3 740 666	388 740	398 532	9	6	7½	—	145,—	5,17	
2 587 500	236 650	263 776	12	16	16	—	253,25	6,32	
2 417 000	246 000	376 304	10	10	15	—	231,—	6,49	
1 502 225	273 488	298 534	10	10	15	—	186,—	8,06	Gleichzeitig Emission neuer Aktien 300 000 Mk.
2 964 166	284 971	394 383	11	11	11	—	181,—	6,08	
3 507 000	448 000	708 470	5	10	15	—	241,50	6,21	
1 064 000	57 977	101 316	—	5	7	—	118,25	5,92	
?	226 583	321 291	—	12	12	—	200,—	6,—	Umsatz nicht bekannt.
1 817 225	176 963	205 218	10	10	10	—	170,—	5,88	
5 695 000	1 053 906	1 014 340	—	8	8	—	151,—	5,30	
3 054 500	365 700	478 158	20	20	20	—	320,—	6,25	
7 376 300	715 320	610 165	10	8	8	—	140,—	5,71	
1 930 269	156 670	212 024	8	7	9	152,—	170,50	5,28	
2 010 000	155 930	229 362	—	10	11	—	197,—	5,58	
2 551 400	218 058	302 440	11	11	14	125,—	234,—	5,98	Gleichzeitig Emission neuer Aktien 500 000 Mk.
4 727 000	246 000	299 327	—	—	8	—	133,—	6,02	
1 948 831	195 000	194 300	19	12	12	—	205,—	5,85	Gleichzeitig Emission neuer Aktien 500 000 Mk.
2 802 095	366 277	452 309	10	12	13	—	235,25	5,53	
4 173 336	913 740	1 496 225	6	8	10	—	228,—	4,39	Gleichzeitig Emission neuer Aktien 3 111 000 Mk.
5 492 868	712 438	736 703	9	7	8	—	164,25	4,87	
2 442 923	237 829	245 133	—	—	10	—	170,50	5,88	
4 583 000	212 286	235 303	10	7	7	—	132,10	5,30	
1 554 000	295 027	295 027	10	12	13	—	214,—	6,07	Der durchschnittliche Reingewinn bezieht sich auf 1 Jahr.
2 691 350	126 491	320 008	—	—	7	—	140,—	5,—	
3 951 640	207 830	221 128	7	7	7	—	125,—	5,60	
5 062 000	523 395	616 730	10	10	12	—	189,—	6,35	
1 722 000	229 420	296 399	8	12	15	—	215,50	6,96	Gleichzeitig Emission neuer Aktien 500 000 Mk.
3 770 856	126 918	229 885	3	7	10	—	156,25	6,40	
3 458 400	526 264	587 802	4	4	8	—	167,—	4,79	
10 100 000	720 285	857 132	—	7½	10	—	162,25	6,16	Gleichzeitig Emission neuer Aktien 2 500 000 Mk. — Der durchschnittliche Reingewinn bezieht sich auf 2 Jahre.
1 001 760	218 598	248 390	10	11	14	—	250,—	5,60	Gleichzeitig Emission neuer Aktien 300 000 Mk.
5 462 958	263 672	270 840	15	13	14	220,—	223,—	6,28	Gleichzeitig Emission neuer Aktien 600 000 Mk. — Der durchschnittliche Reingewinn bezieht sich auf 2 Jahre.
2 127 540	214 154	303 193	7	8	10	147,—	158,—	6,33	
990 272	166 132	113 479	7	8	7	—	126,—	5,56	
8 270 000	2 227 792	2 065 421	18	18	20	—	348,—	5,75	
1 579 538	170 462	215 088	4	4	7	—	125,50	5,59	
1 451 417	235 332	313 487	—	10	10	—	150,25	6,65	Umsatz und durchschnittlicher Reingewinn beziehen sich auf 2 Jahre.
3 394 333	501 013	672 786	8	8	12	—	195,—	6,15	Gleichzeitig Emission neuer Aktien 700 000 Mk.
1 629 100	63 672	93 247	6	6	7½	121,50	122,—	6,14	
1 770 900	175 173	206 605	6½	7	9	—	148,—	6,08	Gleichzeitig Emission neuer Aktien 300 000 Mk.
5 967 973	611 180	604 433	—	—	10	—	165,—	6,06	Umsatz und durchschnittlicher Reingewinn beziehen sich auf 2 Jahre.
2 806 429	307 268	357 771	10	8	9	170,—	200,—	4,50	
5 531 535	200 870	260 619	8	10	12	180,—	183,—	6,56	
5 731 210	674 214	823 838	—	9	10	—	156,—	5,75	Umsatz und durchschnittlicher Reingewinn beziehen sich auf 2 Jahre.
2 104 884	301 998	259 971	—	13	10	—	138,—	7,25	Umsatz und durchschnittlicher Reingewinn beziehen sich auf 2 Jahre.
3 463 683	337 270	469 184	9	7	7	130,—	132,—	5,30	Zur Zeichnung waren nur 1 500 000 Mk. aufgelegt.

Printed by Libri Plureos GmbH
in Hamburg, Germany